新装版 **The Nuts and Bolts of Workplace English**

即戦力がつく ビジネス英会話

2

アルク

はじめに

　姉妹作に当たる『新装版 即戦力がつくビジネス英会話』がビジネス英会話の標準的コンテンツに焦点を当てているのに対して、本書は、会話参加者間のインターラクション（気遣いなど見えないものを含めてのやり取り）、特にインフォーマルなやり取りにフォーカスしています。前作がダークスーツのイメージなら、この本はジャケットを脱いでのフランクな英語の世界です。

コンテンツよりインターラクション：ビジネス英会話自体の単語レベルはたいしたことがなく、2000 単語レベルです。ただ、問題はset up a meeting（打ち合わせなどの機会を設ける）といった独特の組み合わせ方で、そういったビジネス会話独特のコンテンツをひととおり紹介したのが前作です。これに対してこの本は、その種のコンテンツを含むやり取りが円滑に行われるために必須の「言葉をつないでいく部品」をひととおり会得できるよう構成してあります。このことはダイアログに続くFocus on Idioms をご覧になればすぐおわかりになります。

イディオム中心：ここで言う「言葉をつないでいく部品」とは具体的には句動詞などの「イディオム」と呼ばれるものです。一般に「イディオム」というのは多義的な言葉で、spill the beans（秘密などをばらす）のように字面からはわからないもの、throw away（放り出す、処分する）のように字面から明らかなもの、そして両者の中間的なもの、たとえばgo through（経験する、体験する）という具合にいろいろあります。この本では、put together bits and pieces（あれこれと中途半端になっているものをまとめる）という具合に動詞プラス副詞で構成される「句動詞」ならびに単体で意味を捉えにくい定型表現を指して「イディオム」と言っています。

頻出イディオムに集約：一方、ビジネス会話を含め普通に英語を話すために、イディオム解説書の見出し語になっているようなものをすべて覚える必要はありません。話し言葉に頻出し、したがって、まずは覚えるべき一群のイディオムがあるものです。本書では、前作の構成にしたが

ってダイアログの内容をざっと決めてから、どういうイディオムや句動詞が実際に使われるかの実証研究を横に置きながら、取り込むべきイディオムを決めていきました。この結果、400弱あるキーフレーズをひとまず自分の言葉に放り込めるようになれば、「時間かせぎ」もできるので、会話が楽になり、イニシアティブを取れるようにもなります。

ダイアログで自然に学ぶ：同じイディオムを勉強するのでも、イディオム本のワンセンテンスの世界で勉強すると、どういう場面ですっと使えるのかがわかりにくいと言えます。そこでこの本では頻出イディオムが使われる典型場面がわかるようダイアログに埋め込んであります。これにより、実際にそのイディオムを使う際のシミュレーションを繰り返し体験でき、定着をはかることが容易となります。

インターラクションの勘どころを説明：イディオムの説明に続くFocus on Function の項は、辞書や文法書だけからはわからないインターラクション上の勘どころを解説する項です。中には文法知識に区分される話もありますが、基本的には、話し言葉でのWhat構文の有り難みとか、断定調を避ける言い回しなど、英語らしいインターラクションとなるよう英語を普通に使う人々が心がけている言語技術の紹介です。きっと英語を見る目が変わることでしょう。

　この本を書いた2人、狩野みきも日向清人も幸い親の仕事のおかげで子どもの頃から英語を話すことができ、そのおかげで日本語だけでは知り得ない世界がいかに知的爽快感をもたらしてくれるかを知っています。本書の前編である『新装版 即戦力がつくビジネス英会話』をひととおりマスターされ、コンテンツ的には大丈夫という方が、この本でインターラクション面での仕上げを行い、英語に切り替わっても周りの人々と気持ちをこめたやり取りをこなし、新たな知的世界を楽しめるようになることを願ってやみません。

2024年7月

日向清人

狩野みき

目次

基礎編

CHAPTER 1
ビジネスコミュニケーション入門 Introduction to Business Communication

CHAPTER 2
社外とのコミュニケーション Managing External Communication

目次

実践編

CHAPTER 4
会議で使う言い回し The Language of Meetings
会議の開始 Starting the Meeting

討議に入る Entering the Discussion

賛成と反対 Agreeing and Disagreeing

本書の構成と学習の進め方

レッスンの構成

DIALOG— 会話

ビジネス現場で交わされるやり取りを、聞いて理解できるようになるためのダイアログです。難しく感じる部分もあるでしょうが、何を言っているかわかる程度までは音声を聴き込んでください。単語や決まり文句は覚えていくようにしましょう。

Translation
会話のニュアンスを伝える訳

Vocabulary
辞書なしで読める語句注

ダイアログ
ビジネス現場のリアルな会話

イラスト
内容理解を助けるイラスト

FOCUS ON IDIOMS

実証研究により仕事現場で頻出することが確かめられている句動詞その他の定型表現（イディオム）です。よりフォーマルにするための一語動詞があるときは句動詞の横に表示しています。聴いてわかるだけでなくみずから言えるようにするためのフレーズです。状況別に整理して、覚えやすく配置してありますので、反復練習してしっかり身につけてください。

フレーズ+解説
状況別頻出句動詞や定型表現の使い方がわかる解説

FOCUS ON FUNCTION

文法書などが詳しく取り上げないコミュニケーションスキルという視点でまとめてあります。

CHECK UP

ディクテーションを行い、聴き取りができているか確認します。答えは元の文を参照してください。書き取り用のノートを別途用意することをお勧めします。

8

本書は、「基礎編」3章、「実践編」3章の6章、全38レッスンからなり、各レッスンは、以下のとおり、DIALOGとFOCUS ON IDIOMS、FOCUS ON FUNCTION、CHECK UPの4部で構成されています。「基礎編」では、業種を問わず必須のコミュニケーションスキルを扱っています。初心者・上級者を問わず、しっかりマスターしていただきたい分野で、初心者の方は、充実した語句注という補助輪付きでビジネス英語の世界に触れることができ、上級者の方はこの方面の「標準語」を確かめることができるでしょう。「実践編」では、会議・交渉・プレゼンに関わる言い回しを扱っています。関心の強い部分、どこから取り組んでいただいても結構です。

学習の進め方

STEP 1
DIALOG

音声で会話を聴いてください。聴き取れない場合は、英文を読んで内容をよく理解してください。語句注とイラスト、そして英文のニュアンスを伝える和訳がありますので、イメージを膨らませながらしっかり読んでください。内容を理解したら、繰り返し音声を聴きましょう。少なくとも4回は音声を聴くようにしてください。（ただし、この部分の丸暗記は必要ありません）なおこのダイアログは、学習の便宜を考え、句動詞や定型表現を意図的に「過積載」しております。あしからずご了承ください。

STEP 2
FOCUS
ON
IDIOMS

このページでは、日常会話に頻出する句動詞その他の定型表現に焦点を当てています。（ダイアログと違って暗記するほど練習する価値があります）

解説を読んで基本フレーズを理解したら、音声を繰り返し聴き、音声の後について言ってみましょう。英文は、いくつかの単語のうちの一つの音節だけが強く聞こえ、他はそれに吸収される感じであること、強く発音される部分が一定間隔のビートに乗っていることなどを意識しながら、声を出して反復練習しましょう。

なお、この部分の和訳は、会話の中ではないのでダイアログの和訳とは異なっていることがあります。＝ ××× で、示してある句動詞の一語動詞による言い換えはあくまでも参考のためです。

STEP 3
FOCUS
ON
FUNCTION

このコーナーは、そのレッスンに盛り込まれているインターラクション（会話当事者間のやり取り）の実際における「勘どころ」の解説です。文法書などが詳しく取り上げないコミュニケーションスキルという視点でまとめてあります。

STEP 4
CHECK UP

ディクテーションは、リスニングとライティング（＝文法）の力が総合的に試される効果的な練習として、ヨーロッパでは古くから行われています。別途ノートを用意して何度も挑戦してみてください。

無料 # 本書の学習用音声の入手方法
本書の学習用の音声を、以下の方法で無料提供しています

 スマートフォンの場合

 英語学習 booco【無料】

アルクが無料提供しているアプリです。リピート再生や数秒の巻き戻し・早送り、読み上げスピード調整、学習記録、目標設定などが可能です。また、電子版の購入もできます。

【手順】 **❶ 英語学習 boocoのダウンロード**

スマートフォンに、英語学習boocoをダウンロード。
※App Store、Google Playから「booco」で検索。

 ◀ QRコードを読み取って
boocoをインストール

❷ 本書を探す

ホーム画面下の「さがす」ページで、
商品コード**7024044**で検索。

❸ 本書の音声をダウンロード

 パソコンの場合

以下のサイトで本書の商品コード
7024044で検索してください。

アルクのダウンロードセンター
https://portal-dlc.alc.co.jp/

Chapter 1

ビジネス
コミュニケーション
入門

Introduction to
Business Communication

Lesson 1 ▶ スモールトークをこなす（1）

Making Small Talk (1)

001

Sue: Hi, Mike. Did you have a nice break?

Mike: Yeah, thanks.

S: [1] **Anything wrong**?

M: No. I have a lot to [2] **catch up with**, [3] **you know**. I was away for a week. Time to [3] **get down to business**.

S: Mike, are you sure everything is OK with you?

M: Um … well, I [4] **went back** to my parents' place and I was [5] **sorting out** my old stuff. And I found my journal from grade 6. An interesting read. There was a piece titled "My dream." It said, "I'll become a successful businessman, buy a big house in the suburbs, and see my kids [6] **grow up** there." [7] **I've turned** 43 and none of this has [8] **taken place**.

S: Mike, remember when I [9] **screwed up** the project? I [10] **got over** the whole thing only because you helped me out. I don't know what little Mike meant by "successful," but to me, you're a great businessman and a wonderful person.

M: [11] **Thank you**, Sue. You're nice.

DIALOG 休暇から復帰した同僚に声をかける

Translation

休暇から復帰した同僚に声をかける

スーは仲のよい同僚マイクに話しかける。

スー：おかえり、マイク。いい休暇だった？

マイク：うん、おかげさまで。

スー：どうかしたの？

マイク：いや。休んでいた分、たくさん取り返さなくちゃいけないからさ。1週間もいなかったからね。仕事に取りかかる時間ってわけ。

スー：マイク、本当に大丈夫？

マイク：あ…いや、実家に帰って古いものを整理していたら、6年のときの日記が出てきてね。おもしろかったんだけどさ。日記に「ぼくの夢」っていう文章があって、「ぼくは将来ビジネスマンとして成功して、郊外に大きな家を買って、そこで子どもたちの成長を見る」って書いてあったんだ。俺さ、43になったのに、日記に書いたこと、何一つ実現しちゃいないんだよ。

スー：マイク、私がプロジェクトで失敗した時のこと、覚えてる？　あなたが助けてくれたからこそ、私、一連のことを乗り越えられたのよ。小さい頃のマイクがどういう意味で「成功」って書いたのか知らないけど、私にとっては、あなたはすごいビジネスマンで、すばらしい人間だわ。

マイク：ありがとう、スー。スーって、いい人だね。

Vocabulary

break 休暇
stuff もの
grade 6 6年生
 ＊ grade「学年」（大学生は in one's first / second / third / forth year と言う）
read 読みもの、読む時間
successful 成功した
the suburbs （大都市の）郊外（の住宅地）
help out 助ける、救う

13

Lesson 1
Focus on Idioms

このダイアログで使われている句動詞・イディオムを解説していきます。

❶ Anything wrong? どうかしたの？

Anything wrong?（どうしたんだ？）

ここでの wrong は、体調不良あるいは不愉快に思うなど「普通ではないこと」を言い、本来は、Is there anything wrong with you?（あなた、どこか調子が悪いの／何かおもしろくないことがあったの？）という言い方だが、それを縮めた言い方。会話では、省略しても相手が容易に「復元」できる部分はどんどん省略される。

❷ catch up with
［何々／誰々］［何々／誰々］にいつく、（転じて）友人などと積もり積もった話をする

I have a lot to catch up with.
（追いついておかなくちゃいけないことがたくさんあってね）

マラソンなどの走者たちが間を詰めて集団になったとき、The runners have closed up. と表現するが、その up と同じく、この up も、「距離を詰める」という意味。それが「追いつき、つかまえる」という意味の catch といっしょになっている。相手を示すのは with だが、on を使う人もいる。

❸ you know わかるでしょ

I have a lot to catch up with, you know.
（追いついておかなくちゃいけないことがたくさんあってね、わかるでしょ）

一種の間投詞として使われる。You see, I have a plane to catch, so I can't come.（実はね、これから飛行機に乗らなくちゃいけなくてね、で、行けないってわけなんだ）のように、相手が知らないであろう話を持ち出すときは、you know ではなく、you see を使う。

❹ go back 戻る ＝ return

I went back to my parents' place（実家に帰ったんだよ）

「行く」という意味の go と「元の位置に」という意味の back を組み合わせたもの。一語動詞の return で置き換えることが可能だが、響きが硬くなる。

❺ sort out 整理する

I was sorting out my old stuff.（自分の古いものを整理していたんだ）

動詞 sort はコピー機の「ソート機能」と同じく、整えるという意味。「配する」というニュアンスを持つ副詞の out は、資料を配布するときの hand out the materials や、同様に資料をテーブル上に置く lay out the materials でも見られる。

❻ grow up 育つ

I'll see my kids grow up there.（そこで子どもたちの成長を見る、ということさ）

「育つ」という意味の動詞 grow に、speed up（加速する）と同様、「増える、大きくなる、程度が高くなる」というニュアンスを付与する up がセットになっている。

Chapter 1

ビジネスコミュニケーション入門

❼ I've turned ~ 　**～歳になった**

I've turned 43. （43 になったんだ）

この動詞の turn は、ある年齢に達したことを表す。ここでは、現時点に軸足を置きながら「不確定的に」振り返ると 43 になった過去の時点が見えるイメージを伝えるために現在完了。「先月、43 になった」と過去の時点を特定すると、現在完了の「不確定的な感じ」と合わなくなるので、過去形を使って、I turned 43 last month. となる。

❽ take place 　**起こる、実現する** 　= happen

I've turned 43 and none of this has taken place.
（43 になったのに、何一つ実現しちゃいないんだ）

純然たるイディオムらしく、「取る」という意味の take と「場所」という意味の place を合わせても、字面からは意味が取れないが、happen つまり「起こる」という意味。

❾ screw up 　**台なしにする、失敗に終わらせる** 　= ruin

Remember when I screwed up the project?
（私がプロジェクトで失敗した時のこと、覚えてる？）

「くしゃくしゃにする」「ねじまげる」という意味の動詞 screw に「正しい状態を乱す」というニュアンスの up をセットにしたもの。ここでの up と同様の使い方は、きれいに片付いている部屋を散らかして台無しにすることを意味する mess up a tidy room でも見られる。

❿ get over 　**克服する** 　= overcome

I got over the whole thing only because you helped me out.
（あなたが助けてくれたからこそ、一連のことを乗り越えられたんだよ）

当座を「しのぐ」ためにお金が必要なとき、I need some money to tide me over. と言う。ここからわかるとおり、over には、「乗り越える、克服する、しのぐ」というニュアンスがあるが、こうした over を「そうなる」という意味の get と組み合わせることで、「困難を乗り越える、克服する」という意味の句動詞になっている。

⓫ Thank you. 　**ありがとう**

Thank you, Sue. （ありがとう、スー）

本来、I thank you. であるものが省略され、短くなっている。ここでの thank は「言うことでやったことになる」遂行動詞と言われるもので、Thank you. と口にすること自体があたかもお礼のためにお辞儀するのと同じとされている。お詫びするときに言う、I apologize. も同じ。

Focus on Function

Anything wrong? vs Something wrong?

Anything wrong?
どうかしたの？

ダイアログに出てくる Anything wrong?（どうかしたの）は Is anything wrong? での Is が省略されたものです。会話ではいちいち、Is を入れなくてもわかるので、省略されるのが普通です。

それはともかく、この場合、「どうかしたの？」ということで、Is somethingwrong? ないし Something wrong? とも言えます。和訳からはわかりにくいのですが、英語上の違いは、話し手の感覚です。any- を使う場合は、漠然と「もしかして、どうかしたの？」という気持ちで聞いているのに対して、some- を使うのは、「何かあるに違いない」という気持ちが先にあって、「どうしたの？何かあるんじゃない？」と聞く感じです。

この違いは、any に限定感がなく、したがって格別何かを指し示している感じがないのに対して、some には限定感があり、したがって指し示す対象が念頭にあることから来ています。

ですから、any は肯定するにせよ、否定するにせよ、「すべてかゼロか」という感じになり、図形で言えば、以下のように白い円対黒い円のようなイメージです。

I like any sushi.（すしなら何でも好きだ）○
I don't like any sushi.（すしはどんなものでも嫌いだ）●

これに対して、some は、肯定、否定とも、部分的な肯定ないし否定となるので、以下のように図形で言えば、白黒半々になります。

I like some sushi.（ものによっては好きなすしもある）◑
I don't like some X.（ものによっては嫌いなすしがある）◑

　こうした構図を指して、英語の専門家は、any は unlimited（無限定）だとか general（一般的）と言い、これに対して、some は、limited（限定されている）とか particular（個別の）という感覚で使われると説明しています。

　一般には、「原則として some は肯定文で、any は疑問文と否定文で使うけれど、例外的に Yes を期待できる事情のあるときは疑問文でも some を使う」と教わることでしょうが、上で説明したような any, some の本質を頭に入れて使い分けを考えた方が実際的です。

　なお、似ているものに everything と nothing があります。上の some, any がある程度、「どうかしたのかもしれない」とか「すしの好き嫌い」というふうに話し手の問題意識が絞られており、具体的であるのに対して、こちらは、抽象的な話のときに使います。

　ですから、健康診断を受けてきた家族に、漠然とすなわち抽象的に「問題なかった？」と尋ねるなら、

Was everything all right?

というふうに everything を使います。

　また、この場合に、漠然と、「どこも悪いところなかったよ」と答えるなら、

Nothing was wrong.

と言えます。

　まとめると、**抽象的な話をする場合は、everything とそのネガティブ版の nothing を使い、具体的なモノ・コトを念頭に話をする場合は、無限定感を出すなら any を、限定感を出すなら some という手順になります。**

Lesson 2 ▶ スモールトークをこなす(2)

Making Small Talk (2)

003

Ann: Bert! **How was the date last night?**

Bert: Oh, stop calling it a date [1] for goodness sake!

A: But you were excited about the occasion. You were [2] looking forward to it, weren't you? [3] Don't tell me she [4] stood you up.

B: Of course, she didn't. She [5] showed up on time. She's not somebody like you, [6] thank you very much.

A: Oh, you're talking about [7] last year's Christmas party? I was [8] held up at work. [9] Anyway, how did it go?

B: I've [10] never seen such a beautiful girl in my life.

A: Oh.

B: It's not an overstatement. [11] I mean it. She's the one.

A: Hmm ... I'm happy for you.

B: [12] Actually, I need your help. She doesn't know I [13] used to be married. How should I [14] bring it up? Or should I keep my mouth shut for a while? I don't want to [15] let her down.

DIALOG 同僚のプライベートを尋ねる

Translation

同僚のプライベートを尋ねる

アンは、同僚のバートに、昨夜の出来事について尋ねます。

アン：バート！　夕べのデートはどうだった？

バート：おい、お願いだからデートって言うの、やめてくれよ。

アン：でもワクワクしてたじゃない。楽しみにしてたんでしょ？　彼女に待ちぼうけ食らわされたなんてことないでしょうね。

バート：もちろん、そんなことないさ。彼女は時間通りに現れたよ。誰かさんとは違うからね、おかげさまで。

アン：ちょっと、去年のクリスマスパーティーのこと言ってるの？　あれは、仕事で身動きできなかったからでしょ。とにかく、昨夜はどうだったわけ？

バート：あんなにきれいな娘、見たことないよ。

アン：まあ。

バート：誇張じゃないんだ。マジで言ってるんだよ。彼女こそ、探し求めていた女性だ。

アン：あ…そりゃよかったわね。

バート：実は、助けてほしいんだ。僕が以前結婚してたってこと、彼女は知らないんだ。このことを彼女にどう持ち出せばいいかな？　それとも、しばらくは黙ってたほうがいい？　彼女をがっかりさせたくないんだ。

Vocabulary

occasion　出来事、チャンス
on time　時間通りに
at work　仕事で、勤務中に
overstatement　大げさに言うこと、言い過ぎ
be married　結婚している
keep one's mouth shut　黙っている
for a while　しばらくの間

Lesson 2

Focus on Idioms

このダイアログで使われている句動詞・イディオムを解説していきます。

❶ for goodness sake 頼むから、頼むよ（やめてくれ等）!

Stop calling it a date **for goodness sake**!（お願いだからデートって言うの、やめて）

「おいおい、頼むよ」という感じで、自分の言っていることを強調するために使う。バリエーションに for heaven's sake, for pity's sake などがある。For heaven's sake, don't be late!（いいか、頼むよ、遅れるなよな!）など、あえて大げさに言いたいときに使う。

❷ look forward to ～ ～に期待する、を楽しみにする ＝ anticipate

You were **looking forward to** it, weren't you?（楽しみにしてたんでしょ?）

3 単語ワンセットで anticipate（期待する）と同じ意味の動詞。最後の to は前置詞なので、名詞でなく、動詞で続けるときは、I look forward to hearing from you（ご返事を期待します＝ご返事をお待ちします）のように常に ing 形で受ける。

❸ don't tell me [that] ... …だなんて言わないでくれ

Don't tell me she stood you up.（彼女に待ちぼうけ食らわされたなんてこと、ないよね?）

「まさか、[何々]じゃないよね」と、相手が何かネガティブなことを言うのを察して、先回りして使うフレーズ。通常、that は省略して使う。

❹ stand ~ up ～をすっぽかす

Don't tell me she **stood** you **up**.（彼女に待ちぼうけ食らわされたなんてこと、ないよね?）

待ちぼうけさせるという感じの、人を「立たせたままで待たせる」という意味の動詞 stand に、mess up a tidy room（片付いていた部屋を散らかし放題にする）、mix up the two events（2 つの件を混同する）で見られる、「好ましくない状態を創り出す」というニュアンスの up を付加したもの。

❺ show up 姿を現す ＝ appear

She **showed up** on time.（彼女は時間通りに現れた）

この up は「姿を現す」という意味で、同じ意味の動詞 show を強めている。

❻ thank you very much おかげさまで

Thank you very much.（どうもありがとう）

字面どおり「大変ありがとうございます」という意味で使うときと、ここでのように、皮肉めかして、「幸い、おかげさまで」「誰かさんとは違うんでね」といったニュアンスで使うときがある。

❼ last year's 去年の

You're talking about **last year's** Christmas party?
（去年のクリスマスパーティーのこと言ってるの?）

現時点から見ての「去年の、昨年の」は last year's だが、ある基準年を念頭に置きながら「その前年の」と言いたいときは、the previous year's となる。

⑧ hold ~ up　〜を足止めにする

I was held up at work.（仕事で身動きできなかったからでしょ）

これを受動態にした I was held up at work.（仕事で遅れてしまいまして）という弁解が頻繁に使われる。

---

⑨ anyway　とにかく、なんであれ

Anyway, how did it go?（とにかく、どうだったの？）

X の話をしているうちに Y の話に移ってしまったときに元の X に話を戻したり、あるいは、そろそろ話を切り上げたいことを合図したりするために使う。

---

⑩ never　一回も

I've never seen such a beautiful girl in my life.
（あんなにきれいな娘、見たことない）

これまでのことについて言うときは、「これまで一度も〜ない」という否定の意味で使われる。この例のように助動詞があるときは、I have never seen ... と、助動詞と本動詞の間に入れて使う。

---

⑪ I mean it.（冗談なんかではなく）本心だ

I mean it.（マジで言ってるんだ）

何か言ってから、「本気だ」と駄目押しするために使う言い回し。逆に相手の言ったことにつき「そんなの本心じゃないでしょう」と言いたいときは、You can't mean that. と言う。

---

⑫ actually　実は

Actually, I need your help.（実は、助けてほしいんだ）

相手が予想していないようなことや、相手の期待と異なることを切り出すときの決まり文句。

---

⑬ used to ~　（以前）〜だった

She doesn't know I used to be married.
（私が以前結婚してたってこと、彼女、知らないんです）

例文のように be 動詞を用いて「過去の状態」を表すほか、used to go skiing（よくスキーに行っていた）のように「過去の習慣」を表すこともできる。

---

⑭ bring up（話題として）何かを持ち出す、ある話に触れる

How should I bring it up?（このことを彼女にどう持ち出せばいいのかなあ？）

普通は I don't want to bring up that subject.（その話題には触れたくない）のように、bring up［何々］という形で使うが、この例文のように代名詞を使うときは、〈bring ＋代名詞＋ up〉の順になる。

---

⑮ let ~ down　［誰々］をがっかりさせる

I don't want to let her down.（彼女をがっかりさせたくないんです）

「両親をがっかりさせちゃ駄目だよ」なら Don't let down your parents. と、〈let down［誰々］〉という形で使うが、代名詞を入れるときは、〈let ＋代名詞＋ down〉という語順で使う。

Lesson 2
Focus on Function

How was X? vs What was X like?

How was the date last night?
夕べのデートはどうだった？

〈How was ~?〉は〈What was ~ like?〉とすることもできます。How が What に変わり、最後に like を付けるだけです。ですから、How was the date? は、What was the date like? という聞き方もできます。

このようにどちらでもいい場合に対して、微妙な使い分けが要求されることもあります。というのも、How ...? という聞き方は、人の気分や健康状態など日々変わるものについて使うのに対して、What ...? は、人の性格など普通、そうは変わらないものについて使うからです。

たとえば、同僚に今日の上司の様子を聞くなら How ...? です。

A: How's the boss?
B: Obviously [he] has a hangover and is in a bad mood.
（A：ボス、どうだい？　B：明らかに二日酔いで、不機嫌だよ）

新しい上司が着任したので、どんな人か聞くなら、What...like? です。

A: What's she like?
B: Oh, she's a stickler for rules and doesn't like things without precedents.
（A：どんな感じの人？　B：うーん、規則にこだわり、前例のないことを嫌がる人だね）

同じく、How と What の区別で迷うものに、How about ~? と What about ~? という組み合わせがあります。

How about ~? は、それまで話題に上ってもいなかったことを新たに切り出すときに使います。ですから、人事案件で、もう1回くらい面接したほうがいいんじゃないと思った人は、こう言います。

How about calling him in for another interview?

(もう 1 回、面接に来てもらうのはどうだろう?)

一方、What about ~? は既に話題になっていることに関連して、念のため確認する感じで使います。たとえば、人事案件で、ひとしきりある候補者の資質を論じ合ったところで、経験に誰も触れていなければ、こんなふうに言えます。

What about his work experience? Does it really meet our requirements?

(彼の実務経験はどうなんでしょうね。本当にわれわれの条件を満たしているのでしょうか)

なお、格好が似ているので要注意の言い方に「それがどうした」という意味の以下のものがあります。

What about it?

仮に持ち出された話が「関係ないんじゃないの」というときは、こんなやり取りがありえます。

A: Does he have any international experience?
B: What about it? I'm afraid I don't see the relevance. I don't think it has anything to do with our requirements.

(A：彼は海外経験があるのだろうか?　B：えっ、それがどうかしました?　申し訳ないけれど、それがどう関係があるのかわかりません。こちらが求めている条件とは無関係だと思います)

※ディクテーションは書き取り用の
ノートを用意することをお勧めします。

DIALOG   音声を聴き取ろう

001

Sue: Hi, Mike. Did you have a nice break?

Mike: Yeah, thanks.

S: A_____ w____?

M: No. I have a lot to c____ u_ w__, y__ k____. I was away for a week. Time to g__ d____ to business.

S: Mike, are you sure everything is OK with you?

M: Um ... well, I w___ b___ to my parents' place and I was s_____ o__ my old stuff. And I found my journal from grade 6. An interesting read. There was a piece titled "My dream." It said, "I'll become a successful businessman, buy a big house in the suburbs, and see my kids g___ u_ there." I'__ _____ 43 and none of this has t____ p___.

S: Mike, remember when I s_____ u_ the project? I g_ o___ the whole thing only because you helped me out. I don't know what little Mike meant by "successful," but to me, you're a great businessman and a wonderful person.

M: T____ y__, Sue. You're nice.

DIALOG 音声を聴き取ろう

003 🔊

Ann: Bert! How was the date last night?

Bert: Oh, stop calling it a date f__ g_____ s___!

A: But you were excited about the occasion. You were l_____ f_____ t_ it, weren't you? D_' t_ m_ she s____ y__ u_.

B: Of course, she didn't. She s_____ u_ on time. She's not somebody like you, t____ y_ v__ m___.

A: Oh, you're talking about l__ y____ Christmas party? I was h___ u_ at work. A_____, how did it go?

B: I've n____ seen such a beautiful girl in my life.

A: Oh.

B: It's not an overstatement. I m___ it. She's the one.

A: Hmm ... I'm happy for you.

B: A_____, I need your help. She doesn't know I u___ t_ be married. How should I b____ it u_? Or should I keep my mouth shut for a while? I don't want to l_ her d____.

Lesson 3 ▶ スモールトークをこなす（3）

Making Small Talk (3)

005

Alice: Bert, how's your mother doing? Is she feeling any better?

Bert: Oh, yes. She's feeling ¹ a lot better, thank you. Well, right after the operation, she ² woke up in the middle of the night because of the pain, but ³ not anymore. Now, she sleeps ⁴ through the night.

A: Oh, good! I'm glad to hear that.

B: Thank you for asking … Actually, I'm ⁵ looking for someone who can ⁶ take care of her during the day. I mean, I need to find someone before she ⁷ comes out of the hospital.

A: Have you ⁸ talked to Jane? ⁹ To the best of my knowledge, her friend organizes a network of caregivers.

B: Oh, really? What's the network called, do you know? **I want to** ¹⁰ check it out.

A: Oh, sorry, I don't know the name. I could ask Jane ¹¹ if you don't mind.

B: That's very kind of you, but I'll ask her. Thank you for the info. I appreciate it.

A: Oh, ¹² not at all.

DIALOG 同僚に家族のことを尋ねる

Translation

同僚に家族のことを尋ねる

アリスは、後輩のバートの家族のことを心配して尋ねます。

アリス： バート、お母さまの具合はどう？ 少しよくなられた？

バート： ああ、はい。ずっと良くなりました、おかげさまで。いや、手術直後は、痛みで夜中目が覚めてたんですが、それもなくなったし。今じゃ、夜ずっと寝てますよ。

アリス： それは良かったわ！ そう聞いて、うれしいわ。

バート： 聞いてくださって、ありがとうございます…実は、日中、母の面倒を見てくれる人を探してるんです。母が退院する前に探さないといけないってことですが。

アリス： ジェーンとは話した？ 私が知る限りでは、彼女の友達、介護士のネットワークをやってるわよ。

バート： え、本当に？ そのネットワーク、何て言うか、わかりますか。調べたいです。

アリス： あ、ごめん、名前は知らないわ。もしよければ、私からジェーンに聞いてもいいけど。

バート： ありがとうございます、でも自分で聞いてみます。情報、ありがとうございます。助かります。

アリス： いいえ、とんでもない。

Vocabulary

right after ~ ～の直後
operation 手術
because of ~ ～のために
actually 実は
I mean つまり
organize 組織する、計画する
caregiver 介護士、世話をする人

Lesson 3
Focus on Idioms

このダイアログで使われている句動詞・イディオムを解説していきます。

❶ a lot たくさん

She's feeling **a lot** better, thank you.
（おかげさまで、ずっと良くなりました）

形容詞の比較級を強調する副詞は普通 much だが、そのインフォーマル版が a lot。

---

❷ wake up 目を覚ます

She **woke up** in the middle of the night because of the pain.
（彼女は痛みで夜中に目を覚ましたんですよ）

動詞の wake だけでも「覚醒する」という意味になるが、up を付けると「完了」のニュアンスが加わる。「きれいに掃除終える」ことを言う clean up も同様。

---

❸ not anymore もはやそうではない

She woke up in the middle of the night because of the pain, but **not anymore**.
（彼女、痛みで夜中に目を覚ましたんですよ、でも、それもなくなりました）

以前と異なり、「今となってはそうではない」と打ち消すためのフレーズ。例文のように単体で使える一方、I don't want to talk to you anymore.（もうあなたなんかと話をしたくない）のように、not ~ anymore という形でも使える。

---

❹ through the night 夜通しずっと

She sleeps **through the night**.
（彼女は、夜ずっと寝てますよ）

前置詞 through は続く目的語が表すイベントないし時間中「ずっと」ということを意味し、コンサートの間ずっと寝ていたなら、He slept through the concert. となる。

---

❺ look for [何々／誰々]　**[何々／誰々] を探す**　= search

I'm **looking for** someone who can take care of her during the day.
（日中、母の面倒を見てくれる人を探しているんです）

同じ look for でも、look for a solution（解決策を求める）の場合の一語動詞は seek だが、例文のように「探す」という意味で使われるときの一語動詞は search になる。

---

❻ take care of 面倒を見る

I'm looking for someone who can **take care of** her during the day.
（日中、母の面倒を見てくれる人を探しているんです）

人について言うときは「面倒を見る、世話をする」という意味だが、モノ・コトについて言うときは「処理する、取り計らう」という意味で、That's been taken care of.（その件は手配が済んでいる）といった言い方をする。

❼ come out of the hospital 退院する = discharge

I need to find someone before she comes out of the hospital.
（母が退院する前に探さないといけないんです）

より改まった感じにするため一語動詞を使うなら、discharge を使って、My mother is due to be discharged from the hospital tomorrow.（母は明日退院の予定だ）のように言う。

❽ talk to［誰々］［誰々］と話す = consult

Have you talked to Jane?
（ジェーンとは話した？）

ここでは単に話すという意味ではなく、You should talk to a lawyer.（弁護士に相談すべきだ）のように「相談するために話す」という意味で使われている。

❾ to the best of my knowledge 知る限りでは = as far as I know

To the best of my knowledge, her friend organizes a network of caregivers.
（私の知る限りでは、彼女の友達、介護士のネットワークをやってるよ）

もう少しインフォーマルな感じを出したいなら、as far as I know が使える。

❿ check out を調べる、確かめる = ascertain

I want to check it out.
（それ、調べたいです）

本来は check out the details（詳細を確かめる）と、目的語は check out のうしろに来るが、代名詞のときは、check it out と動詞のすぐ後ろに入れる。

⓫ if you don't mind よかったら、構わなければ

I could ask Jane if you don't mind.
（もしよければ、私からジェーンに聞いてもいいけど）

I'd like to ask you a strange question if you don't mind.（変なことを質問したいのですが、よろしいでしょうか）のように、何か尋ねてから、「よろしかったらですが」という点を強調するために後付けするフレーズ。

⓬ Not at all. どういたしまして。

Oh, not at all.
（いいえ、とんでもない）

「ありがとうございます、助かります」という相手に対して、「そんなことありませんよ、いいってことですよ」というニュアンスで応答するときの決まり文句。

Lesson 3
Focus on Function

I want to check it out. か I want to check out it. か?

I want to check it out.
それ、調べたいです。

I want to check out it. のような典型ミスを防ぐためには、まず句動詞には以下のとおり、4つの典型パターンがあることを意識しておく必要があります。

パターン1：目的語を取らない自動詞型

Aagh! The copy machine has broken down again.

（あー！ コピー機がまた故障だ）

パターン2：目的語を取る他動詞型で分離不能のもの

I came across some confidential information about the competition's weaknesses.

（ライバル企業の弱点を示す機密資料を偶然見付けた）

☞ I came some confidential information across ... とは言えません。

パターン3：目的語を取る他動詞型で分離可能なもの

The CEO called off the board meeting.

（CEOは取締役会をキャンセルした）

☞ 後で説明するとおり、The CEO called the board meeting off. が可能。

パターン4：句動詞＋前置詞型のもの

Why do we have to put up with a micromanaging boss like him?

（ああいう、細かいことにまでいちいち口出しする上司、どうして我慢しなきゃいけないんだ?）

ここで取り上げる I want to check it out. は「パターン3：目的語を取る他動詞型で分離可能なもの」に属します。（どのパターンに属するかは辞書が示す用法パターンで確かめる必要があります）

The CEO called off the board meeting.

（CEOは取締役会をキャンセルした）

での call off は、「パターン2：目的語を取る他動詞型で分離不能のもの」と同じく、主語＋句動詞＋目的語がそろわないと WHO ＋ WHAT の構図が完成しません。ここまでは同じです。

　ところが、パターン2の場合と異なり、パターン3では、目的語が既出のものであれば、動詞と副詞を分離して、

　　The CEO called the board meeting off.

のように使うことができます。

　つまり副詞（ここでは off）が分離可能型の句動詞の一部である場合、目的語が一度話題に上っており、相手も何の話かわかっているのであれば、動詞と副詞の間にその目的語を入れることができます。

聞き手にとって、the board meeting（取締役会）がその時初めて耳にする事柄なら、

　　The CEO called off the board meeting.

というふうに目的語は句動詞の外側に出しますが、既に取締役会をどうすべきか論じた後でなら、the board meeting は既出の事柄ですから、

　　The CEO called the meeting off.

というふうに目的語を句動詞の内側に取り込むことができるのです。

中でも、代名詞は既に話題に上った事柄の「身代わり」ですから、当然、

　　The CEO called it off.

という格好になります。The CEO called off it. とは言いません。

　このルールを適用したものが、表題の I want to check it out. です。既出の事項であり、しかも代名詞のときは、必ず句動詞の内側、つまり動詞と副詞の間に代名詞を入れることになります。

Lesson 4 ▶ 食事に誘う・会食する（1）

Talking over a Meal (1)

007

Emma: Ian, I'm ¹ thinking of going to that new sushi place with John and Ally ² next week. Do you want to ³ come along?

Ian: John and Ally. That'd be fun. ⁴ Count me in.

E: Great!

I: Which day is it going to be?

E: Well, actually, it's ⁵ up to you. You're far busier than any of us. You, workaholic.

I: It's very kind of you to say so.

E: I can be nice.

I: Um ... let's see ... Tuesday, probably. No, ⁶ hang on. Friday might be better ... um, Emma, could you guys ⁷ decide on the date? I'll join you if I can ⁸ make it. Sorry about that. You see, I have so many ⁹ bits and pieces to ¹⁰ put together.

E: I understand. Just don't work too hard, OK?

I: I won't. Once everything is over, I'll go back to the gym and ¹¹ work out like crazy.

E: Ian, you do everything like crazy. **Can't you relax for a minute?**

DIALOG 同僚を食事に誘う

Translation

同僚を食事に誘う

エマは、同僚のイアンを食事に誘います。

エマ：イアン、来週、ジョンとアリーと一緒に例の新しくできたおすし屋さんに行こうと思ってるんだけど、一緒に来ない？

イアン：ジョンとアリーか。楽しそうだ。ぼくも参加させて。

エマ：よかった！

イアン：それ、何曜日になるの？

エマ：うん、実はね、あなた次第なの。私たちの誰よりもはるかに忙しいでしょ。ワーカホリックめ。

イアン：そのように言ってくれるとは、おやさしいことで。

エマ：私だって、やさしくなれますのよ。

イアン：えーっと…そうだなあ…火曜、かな。いや、待って。金曜のほうがベターかもしれない。エマ、君たちで日にちを決めてくれる？　僕は、もしも行けそうなら合流するから。ごめん。あれやこれや、たくさんまとめなくちゃいけなくてね。

エマ：わかるわ。ただ、働き過ぎないように、いい？

イアン：働き過ぎはしないよ。全部終わったら、ジムにまた行って、メチャクチャトレーニングするんだ。

エマ：イアン、あなたって、何でも「メチャクチャ」やるでしょ。ちょっとくらい、リラックスできないの？

Vocabulary

That'd = That would
far　はるかに、ずっと
workaholic　ワーカホリック、仕事中毒（の）
nice　やさしい、親切な
probably　おそらく
once　（いったん）〜したら
like crazy　夢中で、猛烈に

Lesson 4
Focus on Idioms

008

このダイアログで使われている句動詞・イディオムを解説していきます。

❶ think of doing [何々] [何々]しようと思っている、するつもりだ

I'm **thinking of going** to that new sushi place with John and Ally next week.

（来週、ジョンとアリーと一緒に、例の新しくできたおすし屋さんに行こうと思ってるんだ）

「〜するのはどうだろう」と可能性を頭に思い浮かべていることを伝えるときの言い方。こういうときは、think は進行形にする。

❷ next week 来週

I'm thinking of going to that new sushi place with John and Ally **next week**.

（来週、ジョンとアリーとさ、いっしょに例の新しくできたおすし屋さんに行こうと思ってるんだ）

現在の週に対しての「来週」は next week だが、将来のある週に対しての「翌週」と言いたいときは、the following week と言う。

❸ come along 一緒に来る　= accompany someone

Do you want to **come along**?

（一緒に来ない？）

同伴する、伴うというニュアンスの副詞 along は、sing along（一緒に歌う）、tag along（くっ付いていく）でも見られるが、これが「来る」という意味の come に組み合わさって「いっしょに来る」という意味の句動詞になっている。

❹ Count me in. 自分も勘定に入れてくれ、参加させてくれ

Count me in. （私も参加させて）

頭数を数えるときに自分も計算に入れてくれということから転じて「参加させてくれ」という意味になった句動詞。逆は、「パスする、遠慮する」という意味の、You can count me out. （私は除外していいよ）となる。

❺ up to [何々／誰々] [何々／誰々]次第、決めるのは [何々／誰々]

It's **up to** you. （あなた次第だよ）

Want to come along?（一緒に来ない？）と尋ねてから、It's up to you.（どっちでもいいよ、決めるのはそっちだから）と続けて、相手に選択権を与えている。

❻ Hang on. ちょっと待って。

No, **hang on.** （いや、ちょっと待って）

hang on は、電話で「ちょっと待って、そのままお待ちください」と言うときにも使われ、「その状態をそのまま維持する」というニュアンスがある。

❼ decide on [何々]　[何々] を決める

Could you guys decide on the date?

(あなたたちで日にちを決めてくれる?)

I can't decide what to do. (何をしたらいいのか決められない) のように選択肢がない場合は decide のみだが、日にちの決定のように選択肢の中から選ぶときは前置詞 on を入れて decide on の形で使う。

❽ make it　都合がつく

I'll join you if I can make it.

(私は、もしも行けそうなら合流する)

make it でよく使う意味には、上記の①「都合がつく、出席できる」、②「うまくいく」、③「時間に間に合う」の 3 つがある。

❾ bits and pieces　あれやこれや

I have so many bits and pieces to put together.

(あれやこれや、たくさんまとめなくちゃいけなくてね)

日本語の「あれこれ」に相当する定型句。❿の put together は定型的によく一緒に使う句動詞。

❿ put together　まとめる

I have so many bits and pieces to put together.

(あれやこれや、たくさんまとめなくちゃいけなくてね)

「一定の位置に動かす」という意味の put と「一緒にする」という意味の together で、「複数の部品や部分をまとめて一つにする」、つまり「まとめる」「組み立てる」という意味の句動詞になっている。

⓫ work out　運動する

I'll go back to the gym and work out like crazy.

(ジムにまた行って、メチャクチャトレーニングするんだ)

「自分は毎日運動している」なら I work out every day. となり、「運動する」という意味では自動詞型の句動詞なので目的語を取らない。しかし、「解決策を見いだす」という意味では他動詞型なので、I'm still trying to work out the answer. (いまだに答えを見いだすべく解決策を模索している) となる。

Focus on Function

Can't youとCouldn't youを使いこなす

Can't you relax for a minute?
ちょっとくらい、リラックスできないの？

　会話例の最後でエマがイアンに上記のように言っていますが、丁寧度を考えていろいろな言い方を見ていきましょう。

Relax for a minute, please.
（ちょっとリラックスしてください）

は一番乱暴な言い方です。please が付いていても命令だからです。トレーナーが客に指示している感じです。

Will/Would you relax for a minute, please.
（ちょっとリラックス願います）

も、話し手の一方的な要求なので、次の Can/Could と比べたら、命令の一種です。これもなかなか力を抜いてくれないお客さんにトレーナーが言う感じがあります。
　これに対して、Can ～? は、形式だけではあっても、一応相手の意向を確かめる言い方なので、ずっと丁寧です。

Can you relax for a minute?
（ちょっとだけリラックスしてもらえませんか？）

　次に、こういう場合の can には、「弱いバージョン」としての could が用意されているので、could を使うと「弱い」分、押し付けがましさが後退して、「あるいは～していただけませんでしょうか」というニュアンスになります。

Could you relax for a minute?
（ちょっとだけリラックスしていただけるといいのですが、いかがでしょう?）

一方、Can't you ~? は相手が期待にそって動いてくれないときの言い方です。

Can't you relax for a minute?

（ちょっとくらいリラックスできませんか?）

と言うと、言外に「なんだっていつもそうやってバタバタしているの」という一種のいらだちを感じさせる言い方です。

これが、Couldn't you ~? となると、次元が異なり、過去の話になります。以下のとおり、「もっとうまくやれたはずなのにうまくいかなかったこと」を振り返る感じになります。

Couldn't you relax for a minute?

（どうしてまたちょっとくらいリラックスできなかったの?）

ビジネス英語でも同じです。まとめに代えて、以下をざっと見てください。

Can you sign off on this?

（これ、承認してもらえますか?）

Could you sign off on this?

（これ、承認していただけますでしょうか?）

Can't you sign off on this?

（これ、承認してくれてもいいじゃないですか?）
［一度はいいと言っていた等の背景があるのが前提］

Couldn't you sign off on this?

（これ、承認してくれてもよかったじゃないですか?）

DIALOG 音声を聴き取ろう

005

Alice: Bert, how's your mother doing? Is she feeling any better?

Bert: Oh, yes. She's feeling a l__ better, thank you. Well, right after the operation, she w___ u_ in the middle of the night because of the pain, but n__ a_____. Now, she sleeps t_____ the night.

A: Oh, good! I'm glad to hear that.

B: Thank you for asking ... Actually, I'm l_____ f_ someone who can t___ c___ o_ her during the day. I mean, I need to find someone before she c_____ o__ o_ the h_____.

A: Have you t_____ t_ Jane? T_ the b__ of my k_____, her friend organizes a network of caregivers.

B: Oh, really? What's the network called, do you know? I want to c_____ it o__.

A: Oh, sorry, I don't know the name. I could ask Jane i_ y__ d____ m___.

B: That's very kind of you, but I'll ask her. Thank you for the info. I appreciate it.

A: Oh, n__ a_ a_.

DIALOG 音声を聴き取ろう　007

Emma: Ian, I'm t_____ o_ g____ to that new sushi place with John and Ally n__ w__. Do you want to c____ a___?

Ian: John and Ally. That'd be fun. C____ m_ i_.

E: Great!

I: Which day is it going to be?

E: Well, actually, it's u_ t_ you. You're far busier than any of us. You, workaholic.

I: It's very kind of you to say so.

E: I can be nice.

I: Um ... let's see ... Tuesday, probably. No, h___ o_. Friday might be better ... um, Emma, could you guys d____ o_ the date? I'll join you if I can m___ i_. Sorry about that. You see, I have so many b__ a__ p____ to p_ t_____.

E: I understand. Just don't work too hard, OK?

I: I won't. Once everything is over, I'll go back to the gym and w___ o__ like crazy.

E: Ian, you do everything like crazy. Can't y__ r___ f_ a m____?

Lesson 5 ▶ 食事に誘う・会食する（2）

Talking over a Meal (2)

009

Liz: [Standing up] Ben! So pleased to see you again!

Ben: The pleasure is mine, Ms. Tang.

L: Oh, **please don't Ms. me.** How many times do I have to tell you that? Oops, shall we ¹ **sit down**? You don't want to ² **carry on** talking ³ **standing up** like this for another hour, do you?

B: Absolutely not.

L: I've actually ordered this course B for both of us. You ⁴ **don't mind**, do you?

B: Of course not. Let's see … hmm, roasted chicken. That's my favorite. How did you ⁵ **find** that **out**?

L: I can't tell you that. Oh, and what would you like for a drink?

B: Some iced tea would be nice. You see, I ⁶ **gave up** drinking a long time ago.

L: [Looking at the menu] I'll ⁷ **go for** this quality mineral water, then.

B: Shall we ⁸ **ask for** the waiter, then?

DIALOG ランチミーティングの席で

Translation

ランチミーティングの席で

ランチミーティングを行うレストランにて、リズが、取引先のベンがやってくるのを待っています。

リズ：［立ち上がって］ベン！ またお会いできて、とてもうれしいわ！

ベン：こちらこそ光栄です、タンさん。

リズ：ちょっと、「さん」付けはやめてくださいよ。何度言えばわかってくださるの？ あらやだ、座りましょうか。あと1時間、こうやって立ったままで話していたくないですよね？

ベン：まったくもって、いやですね。

リズ：実は、このコースBを私たち用に頼んじゃったんです。大丈夫ですよね？

ベン：もちろんです。何々…ふむ、ローストチキン。私の好物です。［ローストチキンが私の好物だって］どうやっておわかりになったんですか。

リズ：それは申し上げられないわ。えー、お飲み物は何にします？

ベン：アイスティーがいいですね。いえね、お酒はずいぶんと前にやめましたので。

リズ：［メニューを見ながら］じゃあ私は、この高級ミネラルウォーターにするわ。

ベン：では、ウェイターを呼びましょうか。

Vocabulary

The pleasure is mine. Pleased to see you again. などの表現に対する「こちらこそ」という返答

for another hour さらにもう1時間

absolutely 絶対に

Let's see. えっと、どれどれ

drink 〈名〉飲み物、〈動〉酒を飲む

quality 上質な

Lesson 5
Focus on Idioms

このダイアログで使われている句動詞・イディオムを解説していきます。

❶ sit down 腰を下ろす

Shall we sit down?（座りましょうか？）

May I sit here?（こちらにかけてもよろしいですか？）のように sit だけでも使えるが、普通、立っている状態が続いた後に言うときは、腰を下ろすことを強調する down を入れて Shall we sit down? と言う。なお、ここでの Shall we sit down? は、Shall we dance?（ダンス、一緒にいかがですか？）と同じで、相手の意向を尋ねる言い方であり、Would you like to sit down? ということ。

❷ carry on doing［何々］［何々］し続ける

You don't want to carry on talking standing up like this for another hour, do you?
（あと1時間、こうやって立ったままで話していたくないですよね？）

「〜し続ける」という意味の carry on に動詞を続けるときは ing 形にする。どちらかと言えばイギリス英語の雰囲気のする言い方で、アメリカ英語だと go on + ~ing。なお、You don't want to carry on talking standing up like this. は、「こんなことしているのやめましょうよ」というニュアンスで、We don't want to carry on talking like this, do we?（こんなふうに話を続けるの嫌ですよね、やめましょう）という言い方もできる。

❸ stand up 起立する、立つ

You don't want to carry on talking standing up like this for another hour, do you?
（あと1時間、こうやって立ったままで話していたくないですよね？）

standing like this が「立ったまま」という響きとすれば、standing up like this のほうが、強める副詞の up が入っている分、「立ちっぱなし」「突っ立ったままで」というビビッドな感じがする。なお、大勢の人に向かって「皆さま、ご起立をお願いします」は、Everyone, all rise, please. であって、stand up は使わない。

❹ don't mind 構わない

You don't mind, do you?（大丈夫ですよね？　構いませんでしょう？）

本来、You don't mind my ordering this course, do you?（このコース、注文しておいて構わなかったんですよね？）だが、会話では容易に「原形」を復元できるので、このように省略するのが普通。〈You don't mind［何々］〉という聞き方は、〈［何々］しても気に障りませんでしょうか〉ということなので、「どうぞ」と答えるのであれば、「ちっとも気に障ったりしません」という趣旨で、まずは No で始める。

42

❺ find out 　探り当てる、見付け出す　= discover

How did you find that out?（どうしてわかったんですか？）

「探す」という意味の find に、figure out（答えを見付ける）、work out（問題を解決する）でも見られる「発見」というニュアンスの out を付加したもの。

❻ give up 　やめる、放棄する　= forsake

I gave up drinking a long time ago.（お酒はずいぶんと前にやめたんですよ）

電話を切るときの hang up でも見られる、「終わりにする」というニュアンスの up がここでも使われている。give up する対象を言うためには、普通、例文のように前置詞なしで動詞の ing 形を続ける。たとえば、「1 年前にタバコをやめた」であれば、I gave up smoking a year ago.。ただ、She gave up on slimming down.「体重を減らすのはあきらめた」のように、「期待通りに行かず、見限る」という意味のときは、前置詞 on を入れる。

❼ go for ［何々］　［何々］を選択する、［何々］にする　= choose

I'll go for this quality mineral water, then.
（じゃあ、私はこの高級ミネラルウォーターにします）

日本語でもメニューから何か選ぶ際、「私はこれを選びます」などと言わず、「これにする」と言うのと同じで、go for はインフォーマルな choose。実際、レストランで人とメニューを見ているときは、choose ではなく、「このサーモンにする」なら、I'll go for the salmon.（または、I'll have the salmon.）と言うのが普通。

❽ ask for ［誰々］　［誰々］（ウェイターなど）を呼ぶ

Shall we ask for the waiter, then?（では、ウェイターを呼びましょうか）

ask for ［誰々］で、「［誰々］に用があるので話したい」「［誰々］に話がある」という意味。The police are here asking for you. なら、「警察の人が来ていて、あなたに話があるんですって」という意味になり、A customer is asking for the manager. なら、「お客さんが責任者と話をしたいと言っている」ということになる。

Lesson 5
Focus on Function

Please don't Ms. me.
「さん」付けはやめてくださいよ。

　アメリカ人の場合、社交辞令ですぐ「ジョンと呼んでください」といったことを言いますが、その前段階で、相手が Mr. Smith や Ms. Smith と呼びかけた際に、「ミスターはやめてくださいよ、ジョンでけっこう」「Ms.［発音はmiz］はやめませんか」といったことを言います。

「そんな改まった言い方、やめましょう」という趣旨であり、以下のようなやり取りがよく聞かれます。

A: Pleased to meet you Mr. Smith. B: Oh, please don't Mr. me.
（A：お会いできてうれしいことです、ミスター・スミス。B：うーん、ミスターだなんてやめましょうよ）

A: Pleased to meet you Ms. Smith. B: Oh, please don't Ms. me.
（A：お会いできてうれしいです、ミズ・スミス。B：うーん、ミズだなんてやめましょうよ）

　☞ ビジネスの場では、年配の重役クラスは別として、相手が「〜と呼んでください」などと言わない限り、Ms. で通そうという人がかなり多い。

　☞ 近年、女性に対しては、Mrs. や Miss を使わずに、誰に対しても「Ms.を付けることが一般的になっている。Ms. を使った相手が既婚者だったとしても、特に問題はないので、相手が結婚しているかどうか分からない場合にも、Ms. が便利。

以下についても同様。

A: Pleased to meet you, sir. B: Oh, please don't sir me.
（A：お会いできてうれしいです、サー。B：うーん、サーだなんてやめましょうよ）

A: Pleased to meet you, ma'am. B: Oh, please don't ma'am me.
（A：お会いできてうれしいです、マダム。B：うーん、マダムだなんてやめましょうよ）

　☞ ma'am は madam の省略形で、米語では女性への敬称として使われる。発音は [mǽm]。相手が年配の女性社長あるいは役員クラスなら、ma'am と呼びかけても不自然ではないが、わからないときは、Ms. と呼びかけて様子を確かめる人も多い。

この「やめましょうよ、やめてください、およしになってください」の部分は、
他に、

There's no need to Mr. me.
（ミスターだなんて必要ありませんよ）

あるいは There's も省略して、

No need to Mr. me.
（ミスターだなんて）

というのもあります。

　続けて、次のセリフとして、「太郎／花子と呼んでください」という類いのこ
とを言いますが、こんなバリエーションがあります。

Taro would be fine.（タローで結構です）
Just call me plain Hanako.（ただのハナコで十分です）

ですから、まとめに代えて言えば、会話例の Tang さんの場合、下の名前が
Jennifer だとすれば、こういうやりとりを想定できます。

B: The pleasure is mine, Ms. Tang.（こちらこそ光栄です。ミス・タン）
L: Oh, please don't Ms. me. Just call me plain Jennifer.
（ちょっと、「ミズ」はやめてくださいよ。ただのジェニファーで結構です）

More Tips

[miz] と発音される Ms. はそもそも「原形」がありません。既婚・
未婚の別を明示せずに済むということで 1970 年代にフェミニスト
たちが好んで使うようになり、1986 年に「ニューヨーク・タイムズ」
がいわばお墨付きを与えて市民権を得た、Miss と Mrs. のいわ
ば合成語だからです。最初に言い出したのは、記録上、1901 年
11 月 10 日付の「Sunday Republican」というマサチューセッツ
州の地方紙で、この敬称が陽の目を見るまで 85 年かかったとい
う計算です。

Lesson 6 ▶ 出退勤時のあいさつ（1）

Exchanging Greetings at Work (1) 011 🔊

Steve: Morning, Ally. **How's it going?**

Ally: Morning, Steve ... I'm sleepy. I [1] sat up all night watching a movie online ... Do you know "10 Minutes"? It's a comedy and not so bad ... It wasn't worth missing my sleep for though. Oh, Steve! That's a nice tie. Where did you get it from? You didn't [2] pick it up while you were in London, did you? You were supposed to be negotiating there, not shopping. And if you had had time to shop, you could have bought something nice for me. Remember, I [3] backed you up for the negotiation.

S: Actually, it was my dad's. He was going to [4] give it away to charity, so I had it.

A: [5] Very nice. But you'd better not tell him that [6] in case he wants it back.

S: You're right ...

A: Oh, [7] by the way, if you see Mike, could you tell him to [8] come see me [9] right away? Tell him it's [10] kind of urgent. No. Tell him it is urgent.

DIALOG　同僚の様子を尋ねる

Translation

同僚の様子を尋ねる

出勤時、スティーヴは、話し出すと止まらなくなる同僚のアリーから話しかけられる。

スティーヴ：おはよう、アリー。調子はどう？

アリー：おはよう、スティーヴ…眠いわ。オンラインで映画を見て徹夜したの…"10 Minutes" って知ってる？　コメディーでね、まあ悪くはないんだけど…でも、そのために睡眠時間を削る価値はなかったわ。あら、スティーヴ！　すてきなネクタイ。どこで買ったの？　ロンドンにいるときに買ったなんてこと、ないでしょうね？　ロンドンでは交渉していたはずよ、ショッピングじゃなくてね。それに、もしも買い物する時間があったなら、私に何かステキなものを買ってくることもできたでしょ。忘れないでよ、交渉であなたをバックアップしたのは私なんですから。

スティーヴ：実は、このネクタイ、父のだったんだ。慈善団体にあげるつもりだったから、僕が代わりにもらったってわけ。

アリー：とってもステキ。だけど、お父さんにはこのこと、言わないほうがいいわね、取り返したくなるといけないから。

スティーヴ：そうだね…。

アリー：あ、ところで、マイクを見かけたら、私にすぐに会いに来るように言ってくれる？　ちょっと急用だって言って。そうじゃなくて、急用そのものだって伝えて。

Vocabulary

> **Morning.= Good morning.**
> **tie**　ネクタイ
> **be supposed to do ~**　～することになっている
> **negotiate**　交渉する
> **charity**　慈善団体、慈善事業
> **you'd better not ~ = you had better not ~**　～しないほうがいい

Lesson 6
Focus on Idioms

このダイアログで使われている句動詞・イディオムを解説していきます。

❶ sit up　遅くまで起きている

I **sat up** all night watching a movie online.(オンラインで映画を見て徹夜した)

ここでの up は「体を起こした状態で」というニュアンスで、同様の使い方は、stay up till late（遅くまで起きている）での up でも見られる。

ここでは sat up all night watching ~（一晩中起きていて～を見ていた）という言い方をしているが、このように、「[何々] していた」と言ってから、「その時何をしていたか」を ing 形で続けるのは会話でよく使うパターンなので重要。たとえば、I was busy packing for my trip.（旅行の支度で忙しかった）、We spent the night talking and drinking.（われわれは一晩中話をし、飲んでいた）

❷ pick up [何々]　[**何々**] を買う　= buy

You didn't **pick** it **up** while you were in London, did you?
(ロンドンにいるときに買ったなんてこと、ないでしょうね?)

I picked up an evening paper on the way home.（帰り道で夕刊を買った）のように、普通は〈pick up [何々]〉。でも、代名詞のときは〈pick it up〉と、目的語が真ん中に来る。通常、このように pick up されるものは、たまたま見かけて、値もはらないので気楽に買えるようなものに限られる。

❸ back up [誰々]　[**誰々**] を応援する、支援する　= support

I **backed** you **up** for the negotiation.（あなたの交渉をサポートしていたんです）

一語動詞なら support であるものを、もっとインフォーマルに句動詞で言うと、〈back up somebody〉。ポイントは代名詞が目的語のときは、〈back you up〉という格好になること。この back は名詞としても使われ、No need to worry. I have your back. は「心配しないで。私が（すぐ後ろに）付いている」という意味。

❹ give away [何々]　[**何々**] をあげる、寄贈する　= donate

He was going to **give** it **away** to charity.（彼、慈善団体にあげるつもりだったんです）

単なる give と異なり away が加わることで「不要なので処分」というニュアンスになる。基本は〈give away [何々]〉だが、代名詞のときは、〈give it away〉と、動詞と副詞の間に入る。この言葉は 1 語の名詞としても使われ、企業が宣伝用に何かを無料で配るようなイベントを開催するようなときは、We're going to stage a promotional giveaway.（販促のための無料配布キャンペーンを実施する予定だ）のような言い方をする。

❺ Very nice.　いいじゃない。よかったじゃない。

Very nice.（とっても素敵じゃない）

nice が入っている定型的組み合わせとして頻繁に使われる。単なる That's good. に比べ、心がこもっている。

48

❻ in case ~ 　〜となると困るから

You'd better not tell him that **in case** he wants it back.

(お父さんにはこのこと、言わないほうがいいよね、取り返したくなるといけないから)

フレーズの意味は単に「〜の場合」ということだが、ニュアンスとしては、「将来、何かネガティブなことが起きた場合に備えて」という感じがある。実際、Take an umbrella in case it rains. (雨になるといけないから、傘を持って行きなさい)、What do you do in case your car falls into water? (自分の車が水に落ちた場合、どうすればいいのでしょう?) という感じで使う。ポイントは、in case に続く部分を in case it will rain などと未来形にせず、in case it rains のように現在形で使うこと。

❼ by the way 　ところで

by the way, if you see Mike, ... (ところで、マイクを見かけたら…)

「話は違うんだけれど」という感じで話題を変えるときの決まり文句。メールなどで、btw と省略形を使う人もいる。もっとフォーマルな場面で同じことを言いたいなら、incidentally を使うのが普通。

❽ come +動詞　[何々] するために来る

If you see Mike, could you tell him to **come see** me?

(マイクを見たらさ、すぐ会いに来るように言ってくれない?)

本来、come to see me と to を入れるべきなのに、インフォーマルな英語ではそれが省略された上、and を伴って come and see me という格好でよく使われる。アメリカ英語では、この例のように and までもが省略されたりする。

❾ right away 　すぐ　= immediately

Could you tell him to come see me **right away**?

(すぐに会いに来るように言ってくれないかな?)

一語の副詞で言えば immediately だが、それだと改まった感じがする。そこで、普通の会話では right away か、同じ意味の right now が使われる。他に、レストランなどでは、「ただいまお持ちします」という意味で、よく Coming right up. という言い方をする。

❿ kind of urgent 　ちょっとした急用

Tell him it's **kind of urgent**. (ちょっと急用だって言ってよ)

普通に「急ぎだ」と言いたいなら、It's urgent. で十分なはずだが、会話では断定的な物言いだと感じが悪くなるので、あえてあいまいにする kind of が好んで用いられる。実際、イディオムの頻出度を調べた研究では、この kind of は 1 位にランクされているほどだ。

Lesson 6
Focus on Function

あいさつの表現

How's it going?
調子はどう？

How's it going? は、かしこまった感じで冷たささえ感じる How do you do?（返答も How do you do?）の正反対と言えるくらいに気楽な挨拶です。そこで、返答もそれなりに気楽な感じでないとちぐはぐな印象を与えます。

全部覚える必要はなく、1つ2つ自分の定番を決めておき、慣れてきたところでバリエーションを増やせば十分ですが、ご参考まで、気楽な、つまり親しい同僚同士、あるいは友達同士のインフォーマルな会話の出だしをご紹介します。

Jack: Hi, Jill.　Jill: Hi, Jack! What's up?　Jack: Nothing much.
（ジャック：やあ、ジル。ジル：やあ、ジャック。どう？ ジャック：どうってことないね）

Jack: Hi, Jill.　Jill: Hi, Jack, how's your day today?　Jack: Good! And yourself?　Jill: The usual.
（ジャック：やあ、ジル。ジル：やあ、ジャック。どう、今日のところ？ ジャック：いい感じだよ。で、自分は？ ジル：いつもと同じよ）

Jack: Hi, Jill. It's been a while. How are you doing? How's everything going?　Jill: Not bad. How's everything with you? Jack: Can't complain.
（ジャック：やあ、ジル。しばらく顔見なかったけど、どうしてる？ 調子、どう？ ジル：まあまあかな。そっちはどう？ ジャック：ま、こんなところじゃない）

通常は出だしの挨拶だけでは終わらず、何かしら続ける必要があります。そういった場合、よくあるのは、以下のように、「最近何かやっている？」と聞くことです。

Jack: Have you been up to anything interesting recently? Jill: Yeah, I've gotten into tennis! I can almost play kinda good, somewhat.
（ジャック：最近、何かやっている？ ジル：ええ、テニスに凝っちゃってね。結構いける感じまで来ているのよ）

もちろん、こういうときに、特に言うことがないなら、

Nothing much. Just the usual. (特にないな。相変わらずだよ) が「定番」
です。

共通の友人等を話題にしたいときはこんな感じです。

Have you heard anything from Jane lately?
（最近、ジェーンから連絡あった？）

Have you been in touch with Jane?
（ジェーンと連絡してる？）

How's Jane doing these days, I wonder?
（ジェーン、どうしてるんだろうなんて思ったりするんだ）

ニュースや事件、あるいは社内のうわさを話題にしたいときはこういった言
い方です。

Jack: Did you catch the news this morning?
Jill: No, what's up?
（ジャック：今朝のニュース、見た？　ジル：いいえ、何があったの？）

Jack: Did you hear about the exchange rate?
Jill: No, what about it?
（ジャック：為替の話、聞いた？　ジル：いいえ、どうしたの？）

**Jack: Have you heard anything about the management
reshuffle?**
Jill: I'm curious. What's going to happen?
（ジャック：経営陣の入れ替えって話、聞いている？　ジル：面白そうじゃない。どうなるの？）

DIALOG 音声を聴き取ろう

009

Liz: [Standing up] Ben! So pleased to see you again!

Ben: The pleasure is mine, Ms. Tang.

L: Oh, p____ d___ M_ m_. How many times do I have to tell you that? Oops, shall we s_ d____? You don't want to c____ o_ talking s_____ u_ like this for another hour, do you?

B: Absolutely not.

L: I've actually ordered this course B for both of us. You d___ m___, do you?

B: Of course not. Let's see ... hmm, roasted chicken. That's my favorite. How did you f___ that o__?

L: I can't tell you that. Oh, and what would you like for a drink?

B: Some iced tea would be nice. You see, I g___ u_ drinking a long time ago.

L: [Looking at the menu] I'll g_ f__ this quality mineral water, then.

B: Shall we a__ f__ the waiter, then?

DIALOG 音声を聴き取ろう

011

Steve: Morning, Ally. How's it going?

Ally: Morning, Steve … I'm sleepy. s__ u_ all night watching a movie online … Do you know "10 Minutes"? It's a comedy and not so bad … It wasn't worth missing my sleep for though. Oh, Steve! That's a nice tie. Where did you get it from? You didn't p___ it u_ while you were in London, did you? You were supposed to be negotiating there, not shopping. And if you had had time to shop, you could have bought something nice for me. Remember, I b_____ you u_ for the negotiation.

S: Actually, it was my dad's. He was going to g___ it a___ to charity, so I had it.

A: V___ n___. But you'd better not tell him that i_ c___ he wants it back.

S: You're right …

A: Oh, b_ t__ w__, if you see Mike, could you tell him to c____ s__ me r___ a___? Tell him it's k__ o_ u_____. No. Tell him it is urgent.

Lesson 7 ▶ 出退勤時のあいさつ (2)

Exchanging Greetings at Work (2)

013

Alice: Hi, Ben. How are you?

Ben: Hi, Alice. Not bad. How are you?

A: Surviving, ¹ I suppose. I had a terrible dream. I was ² cleaning up the office and ³ all of a sudden, Sue—you know, my boss— ⁴ came in, and she started ⁵ coming down on me. Oh, she was so scary, woman from hell. ⁶ As far as I can remember, it was the worst dream I ever had.

B: What's the dream telling you, ⁷ I wonder.

A: Oh, ⁸ come on, Ben. It's just a dream! By the way, ⁹ have you heard? ABC is going to ¹⁰ close down their factory in Kawasaki.

B: Yeah, so I heard. Isn't it sad?

A: Sad? ¹¹ What do you mean?

B: This girl I see every morning at the station, I think she works there. She's so beautiful but poor. How is she going to survive if she has no work?

A: Ben? How do you know all that?

DIALOG 同僚とのカジュアルなあいさつ

Translation

同僚とのカジュアルなあいさつ

朝のひととき、アリスは、エレベーター前で、思い込みの多い同僚のベンに話しかけます。

アリス：おはよう、ベン。元気？

ベン：やあ、アリス。ぼちぼちだよ。どう、元気？

アリス：どうにか生きてるわ、多分ね。ひどい夢を見たのよ。私がオフィスを掃除していたら、急にスー、私の上司のスーが入ってきて、私のこと、すごい勢いで叱り出して。もう、すごいこわかった、あの人、最悪の女よ。私が覚えている限り、今までで見た中で最悪の夢だわ。

ベン：その夢は何を示唆しているんだろうね。

アリス：ちょっと、やめてよ、ベン。ただの夢なんだから！ ところで、ABC が川崎の工場を閉めるって、聞いた？

ベン：うん、そう聞いたよ。寂しいよねえ？

アリス：寂しい？ どういうこと？

ベン：僕が毎朝駅で会う女の子がいるんだけどさ、その子、ABC の川崎工場で働いていると思うんだ。すっごく美人で、でも裕福じゃなくてね。もしも仕事がなくなったら、彼女はどうやって生きていけばいいんだ？

アリス：ベン？ そんなこと、あなたがどうして全部知ってるわけ？

Vocabulary

survive （困難な状況だが）なんとかやっていく
terrible ひどい
boss 上司
scary 恐ろしい
from hell 最悪の、最低の
poor 貧しい

Lesson 7
Focus on Idioms

このダイアログで使われている句動詞・イディオムを解説していきます。

❶ I suppose. そんなところじゃない

Surviving, I suppose. (なんとかやってるってとこかな)

同じように使われる I guess. (って感じかな) も同じだが、何か言ってから「って感じかな」とあえてぼかした言い方をするためのツール。あまりによく使われるので、はっきりと発音せず、'spose という言い方が普通。

❷ clean up きれいにする

I was cleaning up the office. (ちょうどオフィスを掃除していました)

ただの clean でも通じるが、up を入れることで「完了」のニュアンスが強められている。

❸ all of a sudden 突如として

All of a sudden, Sue came in (そしたら急にスーが入ってきて)

書き言葉なら suddenly を使う人でも、話し言葉では普通 all of a sudden を使うもの。それほど「いきなり」というニュアンスを出す話し言葉として定着している。

❹ come in 入ってくる ＝ enter

All of a sudden, Sue came in. (そしたら急にスーが入ってきて)

改まった言い方では enter になるが、響きとしては「入室する」になってしまうので、普通は、come in を使う。

❺ come down on [誰々] [誰々] を叱責する

She started coming down on me. (彼女、急に人に向かって怒り出して)

叱責というより、おそろしい剣幕で叱り飛ばす感じの言い方。バリエーションとしては一段と厳しさを強調する hard を入れた come down hard on [誰々] というものもある。

❻ as far as I can remember 覚えている限りでは

As far as I can remember, it was the worst dream I ever had.
(私が覚えている限りでは、今まで見た中で最低の夢です)

実際は違うかもしれないが、「自分が承知している範囲では」という意味の決まり文句で、as far as I can tell、as far as I know、as far as I can see と言っても同じ。よりフォーマルな感じを出すなら、Lesson 3 で扱った to the best of my knowledge を使う。

❼ I wonder ~ 　〜かな

What's the dream telling you, I wonder.
（その夢、一体何を言いたいんだろうね）

きちんとした言い方なら、I would like to know.（できることなら知りたいものだ）である
ものを、やわらかさを出すためにあえて、ぼかした言い方。I'm just curious.（ちょっと何
だろ）と言っても同じ。

❽ Come on. やめてくれ

Come on, Ben. （やめて、ベン）

ダイアログでは、相手の夢がどうのと訳のわからないことを言っているので、Stop doing
that!（もうやめてくれないかな！）という趣旨で使われている。

❾ Have you heard? 聞いた？　話、聞いている？

Have you heard? （話、聞いてる？）

相手も知っていると思われる話題を取り上げるときの決まり文句。アメリカ英語ではたいて
い、過去形の Did you hear? を使う。

❿ close down 閉鎖する

ABC is going to close down their factory in Kawasaki.
（ABC が川崎の工場を閉鎖するって）

動詞 close だけでも「閉める」という意味があるが、同様に「閉鎖する」という意味の
shut down でも見られるとおり、down があると、「完了、終了」というニュアンスが強め
られる。

⓫ What do you mean? どういうこと？

What do you mean? （どういうこと？）

動詞 mean を使うときの典型的な組み合わせの一つで、この場合、ピンポイントで sad を
取り上げ、「えっ、『寂しい』って、どういうこと？」と聞くなら、What do you mean by
sad? と言える。How do you mean, sad? というバリエーションもある。

Lesson 7
Focus on Function

What+I/you+meanを使いこなす

Sad? What do you mean?
寂しい？　どういうこと？

　会話例の最後のほうに、Sad? What do you mean?（寂しい？　どういうこと？）とアリスが聞き返す所があります。ここでの What do you mean? は、「sad ＝わびしい、寂しい」という言葉の形式的意味はわかるものの、どういうニュアンスないし実質的意味で言っているんだろうと思ったときに使う言い方です。

　同じ意味で、How do you mean? と言う人も結構います。実際、セールスの研修教材では、

What do you mean?

だと「あんた、何を言っているの？」的な響きもあり、相手を守勢に立たせることにもなるので避けたほうがいいと指摘されています。つまり、話が続くようにするには「おっしゃることはわかりますよ、でも、もう少し補充していただけますか」と聞こえる、

How do you mean?

のほうがいいということです。

　文法的に間違っている、そんな言い方はないと頑張る保守派の人もいるでしょうが、英語でのインターラクションでは How do you mean? が活用されている以上、使わない手はないでしょう。事実、TV ドラマで主人公が頻繁に使っている例があるくらいです。アメリカのドラマの脚本家は細やかな配慮をしながらセリフ作りをしますから、いいところに目を付けたものだと感心します。

　米語コーパス（用例を収集したデータベース）で調べても、How do you mean? の用例が 100 件強ありますが、よく見ると、相手の言ったことはひとまずわかったけれど、もう少しニュアンスを確かめたいという雰囲気がよく表れています。

似ているけれど、ややニュアンスが異なる表現に以下のようなものがあります。

> A: Every time I go out of my way to meet their needs, their needs escalate. There's no end to their demands. You see what I mean?
>
> B: Oh, yeah, I see what you mean. The saying "Customer is King" is a sad reality in this business.
>
> （A：わざわざ彼らの要求に無理して応える度に、あちらの要求が増えるんだよ。切りがないんだ。わかるでしょ？　B：わかる、わかる。この業界じゃ「お客様は神様」ってのは悲しい現実だよね）

　結局、〈what［誰々］mean(s)〉は「誰がどういうつもりでものを言っているのか」をはっきりさせるための言い回しで、以下の what they mean は、「実のところはそういうつもり」ということです。

> It's pretty obvious what they mean. They want a bigger discount.
>
> （どういうつもりでああいうことを言っているのかは見え見えだな。もっと大幅な値引きをしてほしいってことだ）

> Nothing seems to satisfy this demanding customer. If only we could get rid of this kind of customer. But, of course, that's not an option. What I mean is, we simply can't afford to lose their business.
>
> （何をやってもこの要求のきつい客に満足してもらえないみたい。こういう客、切っちまいたいんだよなあ。しかし、当然その選択肢はないし。言いたいのはさ、彼らとの取引を打ち切る余裕なんかないんだよ）

Lesson 8 ▶ 出退勤時のあいさつ（3）

Exchange Greetings at Work (3)

015

Ann: [Rushing] Joe, [1] **I must be off.** Um, the chart is not done yet. I'll [2] **come in** early tomorrow and [3] **get it done.** Is everything OK?

Joe: [4] **I should think so.** Oh, did you send me the data?

A: No! **Thank you for reminding me** ... oh, no! I've just [5] **shut down** my computer. Ugh, why do I do this?

J: Anne, you just [6] **go ahead with** the date or whatever plan you have. The data can wait.

A: No, I'm rebooting it now ... you'll be getting [7] **the thing** [8] **in a minute.** Oh, Joe ... I'm sorry. You remember Sarah, the girl who [9] **used to** work here [10] **on and off** [11] **sometime ago?** I'm meeting her tonight and [12] **I don't know why, but** I'm being so edgy about it.

J: Sarah ... yeah. I didn't know you two have [13] **stayed in touch.** She was kind of a difficult girl, wasn't she?

A: [14] **I know.** She says she wants to work with us again, but [15] **of course**, we don't want her to. I'm going to tell her that tonight, and, you know, she'll probably [16] **blow up.**

······○ **DIALOG** 同僚に相談する

Translation

同僚に相談する

出かける時間がせまっているアンは、同じチームで仕事をしているジョーに話しかける。

アン：[急いでいる] ジョー、私、もう行かなくちゃ。えっと、チャートはまだ終わってないの。明日早くに来て、完成させるから。何も問題ない？

ジョー：そのはずですがね。あ、データ、送ってくれました？

アン：送ってない！ 思い出させてくれてありがとう…あー、もう！ コンピューター、ついさっきシャットダウンしたんだったわ！ うー、私、どうしてこういうことするのかしら？

ジョー：アン、待ち合わせだか何だか、とにかくアンの予定をそのままこなしちゃって。データは後回しでいいから。

アン：ううん、今コンピューター立ち上げてるから…データはすぐに届くはずよ。あぁ、ジョー…ごめんなさいね。セーラって覚えてる？ ちょっと前に、ここで断続的に働いてた子。今晩、彼女に会うのよ、なぜかわからないんだけど、そのことで私、すごく気持ちが落ち着かないのよね。

ジョー：セーラねぇ…ああ、覚えてる。アンが彼女と連絡を取っていたなんて、知らなかったな。セーラって、ちょっと難しい子だったでしょ？

アン：そうなのよ。またうちで働きたいって言ってるんだけど、もちろん、うちとしてはそうしてほしくないの。彼女に今夜、それを伝えるんだけど、わかるでしょ、おそらく怒りで爆発するわよね。

Vocabulary

chart 図、表
done 終わって、完成して
remind 思い出させる
reboot 再起動させる
edgy イライラした、不安な
kind of ちょっと、なんだか

61

Lesson 8

Focus on Idioms

016

このダイアログで使われている句動詞・イディオムを解説していきます。

❶ I must be off. もう出なくちゃ。

I must be off. (もう行かなくちゃ)

この off は今いる場所を「離れて = away」という意味で、単に「片付いたようだし、5分くらいで帰ります」なら、Seems we're done here. I'll be off in 5 minutes. と言える。

- -

❷ come in 出社する、出勤する

I'll come in early tomorrow. (明日は早めに来るよ)

部屋に入ってくるのも come in だが、こちらの come in は勤務につくことを言い、遅めに出社するなら、I'll be coming in late tomorrow. と言ったりする。

- -

❸ get it done それを片付ける、完成させる

I'll come in early tomorrow and get it done. (明日は早めに来て、完成させるよ)

Keep going. We've got to get this done today. (手を休めるなよ。今日中にこれを仕上げなければならないんだから) のように、it に代えて this を使うこともできる。

- -

❹ I should think so. そのはずです。

I should think so. (ま、そういうはずなんだけど)

I think so. だと断定調になってしまうが、should という助動詞を入れることによって、「そのはずだ」といった控えめな感じがする。

- -

❺ shut down (パソコンの) 電源を切る

I've just shut down my computer. (ちょうど PC のスイッチを切ったとこなんです)

この shut down を言い換えるとすれば、shut off か turn off。

- -

❻ go ahead with [何々] [何々] を進める

You just go ahead with the date or whatever plan you have.
(待ち合わせか何か知らないけどさ、ともかく予定どおり進めてよ)

go ahead で「始めてください、進め始めてください」。「何を」を with 以下で説明する。

- -

❼ the thing (その場で話題になっている) モノ

You'll be getting the thing. (データ、そっちに行くはず)

会話では、the file、the data と正確かつ具体的に言うより、the thing (それ、あれ) とあえてぼかした言い方をすることが好まれる。

- -

❽ in a minute すぐに

You'll be getting the thing in a minute. (データ、もうすぐ行くはず)

just を入れて、in just a minute より「軽め」な言い方にすることもできる。

❾ used to do ［何々］ ［何々］していたものだ

You remember Sarah, the girl who **used to** work here.

（セーラ、覚えてる？　ここで働いていた娘）

〈［誰々］used to do ［何々］〉という格好で、「今は違うけれど、以前は～していたものだ」という意味を表す助動詞。be used to とは別物。

❿ on and off 断続的に、不定期に

You remember Sarah, the girl who used to work here **on and off** sometime ago?（セーラ、覚えてる？　ちょっと前に、ここでちょくちょく働いていた娘）

例文では副詞だが、They've had an on-and-off relationship over the past 10 years.（ここ 10 年、あの 2 人はくっついたり離れたりの関係だ）と形容詞としても使える。

⓫ sometime ago （いつだったか）ちょっと前に

You remember Sarah, the girl who used to work here on and off **sometime ago**?（セーラ、覚えてる？ ちょっと前に、ここでちょくちょく働いていた娘）

副詞の sometime は、イギリス英語の場合、some time と 2 単語に分ける人もいる。

⓬ I don't know why, but ... うまく説明できないけれど…

I don't know why, but I'm being so edgy about it.

（なんだかわからないけど、ひどく落ち着かない気持ちになるんです）

「どういうものか、うまく言えないんだけれど」というニュアンス。ここでの but は、自分の立場を前置き的に示す、「率直に言いますけれど」などでの「けれど」に近い。

⓭ stay in touch 連絡を取り合う、つきあいを続ける

I didn't know you two have **stayed in touch**.

（2 人で連絡を取っているなんて、知らなかったな）

keep in touch、stay in touch はともに、連絡を取り合うことで、別れ際に「こっちからも連絡するから、そっちもね」という趣旨で Do stay in touch. と言ったりする。

⓮ I know. そうなんだ、わかっている

I know.（わかってるよ）

この I know. は「知っています」ではなく、相手の言ったことを受けて「言っていることわかるよ、そうなんだよ」と同調する、I know (just) what you mean.

⓯ of course もちろん ＝ naturally

Of course, we don't want her to.（もちろん、彼女にはそうしてほしくない）

ここでは「いちいち言うまでもなく」というニュアンスで使われている。

⓰ blow up 突如として怒り出す、切れる

She'll probably **blow up**.（彼女、たぶん、すごく怒るよ）

怒りの対象は、at を入れ、She blew up at me for not caring how she feels.（自分の気持ちをわかろうとしないので、彼女は突如として怒りをぶつけてきた）のように使う。

Lesson 8
Focus on Function

---

ing形のいろいろ

Thank you for reminding me.
思い出させてくれてありがとう。

このダイアログでは、動詞の ing 形が様々な形で出てきますが、いずれも意味が違います。

　　Thank you for reminding me.（思い出させてくれてありがとう）

この remind の ing 形は、動詞 remind が前置詞 for の目的語となっている関係で、「動詞を名詞代わりに使うときは ing 形に直す」というルールにしたがっているだけです。「for などの前置詞の目的語は本来名詞で、そうでなければ代用品としての動詞の ing 形または代名詞を入れる」という決まりは、Thanks for the wonderful gift.（素晴らしいプレゼントありがとうございます）で、前置詞 for の目的語が gift であることからも見て取れます。また、Thanks for reminding it. と名詞の典型的代用品である代名詞 it を入れても通じることで確認できます。

　ここから先の進行形はちょっと趣が違います。時間の流れを話し手本人がどう感じているかの問題だからです。

I'm rebooting it now.
（今、コンピューター立ち上げているところ）

この進行形はまさに現時点で進行中のモノ・コトを形容しています。起点と中間点と終点から成る reboot というプロセスの中間点で、いわば内側からプロセスを観察しているかのような感覚が伝わってきます。これを狭義の進行形とすれば、進行形には、以下の言い方のように、現時点をはさんで幅のある「広義の進行形」もあります。

Normally we produce 100 units a month, but we're currently producing 500 units to meet seasonal demand.
（普段は月あたり 100 台の生産だが、今は季節需要に応じるため 500 台生産している）

　狭義であれ、広義であれ、こうした進行中のモノ・コトを表す進行形の特徴は「いずれ終わる」話だということです。

You'll be getting the thing in a minute.
（データはすぐに届くよ）

　文法書が言う未来進行形です。ここでは、「いずれそこにたどりつく」という、何かの流れが始まっていて、「このまま行くとこうなる」という感じのする言い方です。ですから、これの応用で、When are you going to leave? という聞き方は「いつ発つつもりなんだ、はっきりしろ」とも聞こえるので、When will you be leaving? のほうがずっと丁寧だとされています。「もう流れないしスケジュールは決まっていることでしょうが、よろしかったら、どういうことになるのか教えてください」という感じになるからです。

I'm being so edgy about it.
（すごく気持ちが落ち着かない）

　一般的に、「今日は暑いね」と言いたい場合に It's being hot today. と言えません。同様に、「おっしゃることわかります」と言いたい場合、I'm understanding you. とは言えません。文法書が言う「状態動詞」は一般に進行形で使えません。しかし、ここでの例のように、「そのうち終わることなんだけれど、ともかく今はそうだ」と言いたい場合は、進行形で使うことができます。ポイントは「いずれ終わることで、あくまで一時的なんだけれど」というニュアンスが伴っていることです。

I'm going to tell her that tonight.
（彼女に今夜それを伝えるつもり）

I'm telling her that tonight. という言い方もできますが、その言い方だと、自分がどういうつもりかの問題ではなく、既に仲間と話し合って、「そういう段取りになっている」という感じが伝わってきます。この点、ここでの I'm going to という言い方は、発言時点に先行して自分の意志が既に決まっていて、その「主観的な既定方針」に従ってものを言っています。また、I'm going to につき大事なのは、普通、tonight、tomorrow といった将来の時点を表す言葉をセットにして使うという点です。それと、忘れてならないのは、I'm going to という言い方はインフォーマルな話し言葉であり、正式の書面ではただの進行形または will で置き換える必要があることです。

DIALOG　音声を聴き取ろう

013 🔊

Alice: Hi, Ben. How are you?

Ben: Hi, Alice. Not bad. How are you?

A: Surviving, I s_____. I had a terrible dream. I was c_____ u_
the office and a_ of a s_____, Sue—you know, my boss—c____
i_, and she started c_____ d____ o_ me. Oh, she was so scary,
woman from hell. As f__ as I can remember, it was the worst
dream I ever had.

B: What's the dream telling you, I w_____.

A: Oh, c____ o_, Ben. It's just a dream! By the way, h___ y__ h____?
ABC is going to c____ d____ their factory in Kawasaki.

B: Yeah, so I heard. Isn't it sad?

A: S__? W___ do you m___?

B: This girl I see every morning at the station, I think she works
there. She's so beautiful but poor. How is she going to survive if
she has no work?

A: Ben? How do you know all that?

DIALOG 音声を聴き取ろう **015**

Ann: [Rushing] Joe, I m___ b_ o_. Um, the chart is not done yet. I'll

c____ i_ early tomorrow and g__ it d___. Is everything OK?

Joe: I s_____ t____ s_. Oh, did you send me the data?

A: No! Thank you for reminding me ... oh, no! I've just shut d____

my computer. Ugh, why do I do this?

J: Anne, you just g_ a_____ w__ the date or whatever plan you

have. The data can wait.

A: No, I'm rebooting it now ... you'll be getting t__ t____ i_ a

m_____. Oh, Joe ... I'm sorry. You remember Sarah, the girl who

u___ t_ work here o_ a__ o_ s_____ a__? I'm meeting her

tonight and I d___ k___ w__, b__ I'm being so edgy about it.

J: Sarah ... yeah. I didn't know you two have stayed i_ t____. She

was kind of a difficult girl, wasn't she?

A: I k____. She says she wants to work with us again, but o_ c_____,

we don't want her to. I'm going to tell her that tonight, and, you

know, she'll probably b___ u_.

Chapter 2

社外との
コミュニケーション

Managing External
Communication

Lesson 9 ▶ アポイントの段取り（1）

Making an Appointment (1)

017

Abe: Beth, you're meeting ABC people today, right?

Beth: Well, I was going to.

A: What do you mean?

B: I did [1] **set up an appointment a month ago**, and then there was [2] **this** urgent business … I knew we had to [3] **deal with** it together with ABC … so I called them. And then this guy on the phone got really furious, [4] **saying** that was none of their business. I tried to explain myself, but he just wouldn't listen and [5] **hung up**.

A: [6] **Just like that?**

B: Yeah! Just like that. Whatever he was saying [7] **simply** didn't [8] **make sense**. I told John about it, and we [9] **worked on** this mess for a month, but we were unable to [10] **bring about** any improvement on the matter. [11] **Period**.

A: So that's the end of our relationship with ABC?

B: [12] **I hope not.**

A: So what do you want me to do?

B: Huh? I never asked you for help.

DIALOG アポイントでトラブル発生

Translation

アポイントでトラブル発生

エイブは、同僚のベスが担当している仕事について話しかけます。

エイブ：ベス、今日は ABC の人たちと会うんだよね？

ベス：まあ、そのつもりだったんだけどね。

エイブ：どういうこと？

ベス：1 カ月前にアポイントはちゃんと取ったのよ。そしたら、のっぴきならない案件ができてね…その案件は ABC と一緒に対処しなきゃいけないってわかってたから…電話したわけよ。そしたらね、電話に出た男性がすごい怒っちゃって、自分たちには関係ないって言うの。私の言い分を説明しようとしたんだけど、全然人の話聞かずに、電話切っちゃったのよ。

エイブ：いきなり？

ベス：そう！ いきなり。その人が言ってたこと、絶対におかしいのよ。ジョンにこのことは伝えて、2 人でこのわけわからない事態を 1 カ月かけていろいろやってみたんだけど、この件につきましては、何の改善ももたらすことができなかったというわけでございますの。以上。

エイブ：それで、ABC との関係は終わり？

ベス：そうなってもらっちゃ困るわ。

エイブ：で、ベスは僕に何をしてほしいんだ？

ベス：は？ 私、あなたの助けなんてそもそも頼んじゃいないわよ。

Vocabulary

appointment 会う約束、アポイント
urgent 緊急の
furious 怒った
none of one's business 〜には関係ないこと
mess 混乱した状況、ゴタゴタ
be unable to do ～ 〜することができない
improvement 改善

Lesson 9
Focus on Idioms

このダイアログで使われている句動詞・イディオムを解説していきます。

❶ set up 段取りをつける、設ける = arrange

I did **set up** an appointment a month ago.
（ちゃんと1カ月前にアポを取った）

ここでの up は、warm up の up 同様、「準備をする」というニュアンス。よりフォーマルな感じを出したいなら、arrange や fix を使う。

- -

❷ this この〜（注意をひきつける道具として）

There was **this** urgent business. （大至急って用事があってね）

会話の中で、特に強調したい言葉の前に付けて、アクセントを置くための道具。then と一緒に使われることも多く、「そうしたらさ、この急用ってのがさ」「そうしたらさ、今度はこの男がさ」といったように使われる。

- -

❸ deal with ［何々］ ［何々］に処する

I knew we had to **deal with** it together with ABC.
（この件、ABC と一緒にやらなきゃいけないってことは知っていた）

deal with には「取引する」という意味もあるが、ここでは「対処する」という意味。他方、This report deals with shoplifting.（この報告書は万引に関してのものだ）のように、自動詞としては、主題を示す。

- -

❹ saying that 〜 〜と言って

..., **saying that** was none of their business.
（自分たちには何も関係ないって言って）

普通に言えば、He got really furious and said that と動詞を単純に2つ並べるが、He got really furious, saying that. と分詞構文を使うと、ドラマチックな感じが出る。なお書き言葉であれば、このような ing 形の動詞の前にカンマを打つ。

- -

❺ hang up （電話を）切る

He just wouldn't listen and **hung up**.
（ともかく人の話を全然聞かずに、切っちゃった）

hang は受話器を元の位置に戻すことを指し、up は食べ物を平らげるときの eat up の up 同様、「決着をつける」というニュアンス。

- -

❻ Just like that? （ほんとうに）そんなことがあるんだ？

Just like that? （そんなことがある？）

「普通はそうじゃないでしょ、ありえない！」と言いたくなるような話を聞かされたときの典型的リアクション。ダイアログの場合は「いきなり！」という訳が感じが出ているが、コンテクストに応じて訳を考える必要がある。

❼ simply **ともかく、絶対**

Whatever he was saying **simply** didn't make sense.
(彼が何を言っているにせよ、ともかく訳がわからなかった)

会話の中では、1つの言葉を特に強調するための小道具で、意味としては just に似ている。ここでは、didn't make sense (訳がわからない) を強調している。

❽ work on [何々] [何々] (困難など) を打開するために動く

We **worked on** this mess for a month
(もう1ヵ月もこの事態に対処している)

前置詞 on が対象を示す一方で、work は修繕・改善・解決を必要とするものにつき、しかるべき措置を取ることを指す。

❾ bring about **もたらす**

But we were unable to **bring about** any improvement on the matter.
(でも、この件については、なんら改善策を打ち出せない)

ここでの about は英語で言えば make it happen というニュアンスであり、自動詞用法になるが、こういった言い方は The discovery came about through a mistake. (その発見は間違いのおかげだ) での came about でも見られる。

❿ Period. **以上。**

Period. (以上!)

「～ということ」という結びの言葉を大げさにしたもの。一般的には、I'm not giving you any more money, period. (びた一文、金を渡す気はありませんからね。これ以上話す必要はないでしょう) という感じで、それ以上相手が言うのを止めるために使う。

⓫ I hope not. **そうでないことを祈る。**

I hope not. (そうならないよう、願う)

Hope it doesn't rain. I hope not. (雨にならないといいんだけど。そうならないといいよね) というふうに、相手の言葉を受けて「そうだといいんだ」と言いたいときに I hope so. と言い、「そうでないといいんだが」と言いたいときに I hope not. を使う。

Focus on Function

強調するdo/did、would

I did set up an appointment a month ago.
1 カ月前にちゃんとアポイントは取った。

ダイアログの冒頭、「間違いなくアポは取った」ということを強調するため、I set up an appointment a month ago. でも済むのに、あえて、I **did** set up an appointment a month ago.（1 カ月前にちゃんとアポイントは取った）と **did** を入れて強調しています。

以下では、ダイアログのセリフを **do** 入りで強調してみました。ポイントは、セットで使う動詞を原形に戻すことと、do 自体、現在か過去かで do、did を使い分けることです。訳に違いを反映させるのは難しいのですが、イメージとしては、何か言ってから、「本当だってば」と強調する感じになります。

・**And then this guy on the phone got really furious.**
（そしたら電話に出た男性がすごい怒っちゃって）

→ **And then this guy on the phone did get really furious.**
（そしたら電話に出た男性がすごい怒っちゃってさ、本当に）

・**I tried to explain myself.**
（こっちの話を説明しようとしたんだよ）

→ **I did try to explain myself.**
（こっちの話を説明しようとしたんだよ、本当に）

・**I told John about it.**
（ジョンにこのことは伝えてあるんだ）

→ **I did tell John about it.**
（ジョンにこのことは伝えてあるんだ、本当だよ）

・**We worked on this mess for a month.**
（2 人でこのわけわからない事態を1カ月かけていろいろやってみた）

→ **We did work on this mess for a month.**
（2 人でこのわけのわからない事態を1カ月かけていろいろやってみたさ、本当に）

　もう一つ、ダイアログの He just **wouldn't** listen.（彼はまるで人の話を聞こうとしない）で見られるとおり、過去のモノ・コトを強調するためには、**would** も便利なツールです。ただ、たいていは、以下の例に見られるとおり、ネガティブなコンテクストの中で使われ、「[誰々] が〜することを拒んだ、やりやしない」といったニュアンスがあります。

- **The guests didn't leave, so we kept drinking till late in the night.**
  （お客さんたち、帰らなかったので、遅くまで飲み続けることになっちゃったよ）

  → **The guests wouldn't leave, so we kept drinking till late in the night.**
  （お客さんたち、全然帰ろうともしないので、遅くまで飲み続けることになっちゃったよ）

- **They didn't take no for an answer.**
  （ノーと言っても先方は聞き入れてくれないんだ）

  → **They wouldn't take no for an answer.**
  （いくらノーと言っても先方は聞き入れないやしないんだ）

- **I applied for a two-week leave of absence, but my boss didn't approve it.**
  （2 週間休もうと休暇願を出したけれど、上司が承認してくれなかった）

  → **I applied for a two-week leave of absence, but my boss wouldn't approve it.**
  （2 週間休もうと休暇願を出したけれど、上司がどうしても承認してくれないんだ）

- **I tried many times, but my PC didn't boot up.**
  （何度も試したけれど、パソコンが起動しなかった）

  → **I tried many times, but my PC wouldn't boot up.**
  （何度も試したけれど、パソコンが全然起動しないんだ）

　ダイアログでの He just wouldn't listen. と同様、それぞれ wouldn't の前に jus を入れると一段と強調される感じになります。

Lesson 10 ▶ アポイントの段取り(2)

Making an Appointment (2)

019

Dan: So that's how it has all [1] come about. I really should have seen him [2] in person and talked, not just e-mailing [3] back and forth. **He has misunderstood me completely.**

Mary: Why don't you set up a meeting with him? You can still [4] make up for ... hmm ... what you call the mess. All you need to do is tell him what you've just told me. Just tell him, frankly and nicely, you never doubted his good intentions even when he [5] pointed out the "downside" of your project in front of so many people. But still, I think you have to let him understand what he has done to you is wrong.

D: Oh, I don't [6] have the nerve to do that!

M: Dan, [7] I'm only saying this because he's not just someone you've been working with. He's more like your comrade. You can't [8] leave it at that, can you? You show your sincerity, and if he [9] gets you wrong, [10] that's that then.

DIALOG 仕事上のトラブルを相談する

Translation

仕事上のトラブルを相談する

心配性のダンは、社外とのコミュニケーションについて、時に母親のような口をきく
同僚のメアリーに相談している。

ダン：(何が起きたのかと言うと）結局、そういうことってわけ。本当に、ちゃんと
会って話すべきだったんだ、メールをやり取りするだけじゃなくて。僕のこと、
彼は完全に誤解しちゃってるんだ。

メアリー：彼との話し合いの場を作れば？　まだ…その、あなたが「しくじり」っ
て言ってるもの…の取り返しがつくわよ。私に今教えてくれたことを彼に言う、
それだけでいいのよ。彼が、あなたのプロジェクトの「マイナス面」をあれほ
ど多くの人の前で指摘したときですら、あなたは彼の善意を決して疑わなかっ
たって、正直に、ていねいに言ってあげるの。それでもやはり、彼があなたに
したことは間違ってるんだって、本人にわからせるべきだと思うわ。

ダン：えーっ、そんなことする度胸なんてないよ！

メアリー：ダン、彼はあなたにとって、単なる仕事の相手じゃないからこう言って
るのよ。彼はあなたの同志のような存在でしょう。このまま、うっちゃってお
くなんて、できないでしょう？　あなたの誠意を見せるのよ、それで、もしも
彼があなたのことを理解できないようなら、それまでなのよ。

Vocabulary

misunderstand　誤解する
completely　完全に
frankly　率直に
nicely　丁寧に、礼儀正しく
intention　意志、意図
downside　否定的側面
comrade　同僚、仲間
sincerity　誠意

Lesson 10
Focus on Idioms

このダイアログで使われている句動詞・イディオムを解説していきます。

❶ come about 起こる、生じる = occur

That's how it has all come about. (結局、そういう話だ)

何か登場することを come で表し、about で「そこいらに」という意味なので、両者を合わせると「何かが起きる (happen)」ということになる。目的語を取らないので、平叙文なら、It came about in this way. (こういうことだったんだ) と言ってから説明を続ける。

❷ in person 直接に

I really should have seen him in person.

(ほんと、直接、彼に会うべきだったね)

人に会ったりするときに「直接、自分で」という意味のフレーズ。たとえば、会議に代わりの人に出てもらうのでなく、自分で出向くなら、I'll be present at the meeting in person. と言える。

❸ back and forth あちこちに

not just e-mailing back and forth

(ただメールをやり取りするだけじゃなくてさ)

backward and forward と同じで、日本語の「行きつ戻りつ」に相当するフレーズ。たとえば、考え事をするときに、行ったり来たりしながら歩くのは、pace back and forth。

❹ make up for [何々] [何々] を埋め合わせる = compensate

You can still make up for ... um ... what you call the mess.

(でも、まだ収拾できると思う、うーん、その「しくじり」って言うの?)

まず前置詞の for は「何について」make up するのかを指す。動詞の make は「創る」で、副詞の UP は創り「出す」「補填する」という意味あいで、たとえば、make up an excuse はありもしないことを言って言い訳を「創り出す」ということ。

❺ point out 指摘する = indicate

When he pointed out the "downside" of your project in front of so many people, ...

(彼があれほど大勢の前であなたのプロジェクトの「マイナス面」を指摘したとき)

指さすのが動詞 point で、副詞の out が付いていることで、多数の中から「抜き出す」というニュアンスが加わる。

❻ have the nerve to do [何々] [何々] するだけの(図太い)神経を持っている

I don't have the nerve to do that! (そんな厚かましいことできないよ!)

ここでの nerve は「図太さ」という意味だが、このフレーズ自体、相手を批判ないし非難するときに使われることが多く、その場合は「図々しい」というニュアンスになる。

❼ I'm only saying this because ... 何のために言っているかと言えば…

I'm only saying this because he's not just someone you've been working with.

(彼が単に仕事の相手だからってことで言ってるんじゃなく)

自分の発言について、動機が純粋で他意や下心がないことを強調するためのフレーズで、たいてい because とセットで使う、たとえば、Look, I'm only saying this because I'm worried about your health. (いい、あなたの体が心配だからこそ、こんなことを言っているんです)

❽ leave [何々] **at that** [何々] をそのままにしておく、うっちゃっておく

You can't leave it at that (そのままで放っておくなんて、まずいよ)

ここでは相手方の行為について言っているが、Let's leave it at that. と言うと、「もうこれ以上その話をするのはやめようよ、それくらいでいいじゃない」と打ち切りたい気持ちが込められる。

❾ get [誰々] **wrong** [誰々] を誤解する

If he gets you wrong, that's that then.
(もし彼があなたのことを理解できないようなら、それまで)

しばしば、Don't get me wrong. (誤解がないように念のために言っておくけど) という形で使われる。典型的には but を伴って、Don't get me wrong. I get your point. But I think you're overreacting to something that just doesn't really matter. (誤解しないで。言っていることはわかる。でも、たいした問題でもないことに過剰反応していると思う) というふうに使う。

❿ that's that それまでのこと

If he gets you wrong, **that's that** then.
(もし彼があなたのことを理解できないようなら、それまで)

「決着済みのことなんだから、蒸し返すな。話はこれでおしまい」というニュアンスで使う。相手に向かって使うときは、I said no, and that's that. (ダメだと言ったでしょ。この話はこれでおしまい) と、ダメ押しの一句になる。

Lesson 10
Focus on Function

なぜ現在完了を使うのか

He has misunderstood me completely.
彼は完全に誤解しちゃっているんだ。

　ダイアログでは上の文を含め、数カ所で現在完了が使われています。現在完了を使っているおかげで、話し手が現時点（発言時点）に軸足を置きながら振り返ると、「完全に誤解しちゃっている彼」の姿が目に入っている様子がわかります。いわば現時点から過去のモノ・コトまで線を引く感じです。
これが、

He misunderstood me completely.
（彼には完全に誤解された）

という言い方だと、過去形を使っていることから、過去の済んだ話で、現時点との関連性が感じられません。話し手が振り返ったところで、はるか彼方に「完全に誤解された事実」があるという感じになります。ここでは、現時点から見た過去のモノ・コトは、遠くにある点でしかありません。過去の事実の報告です。

What he has done to you is wrong.
（彼があなたにしたことは間違ってる）

　これも話し手の感覚の問題として、現時点に軸足を置きながら振り返ると、「あなたに対して誤った行動を取った彼」の姿が見えている感じが伝わってきます。過去のモノ・コトと現時点を線で結んで語っています。過去形と違い、振り返れば視界に入るくらいの近さが感じられる、この心理的距離感がポイントです。

What he did to you is wrong.
（彼があなたにしたことは間違っていた）

という過去形を使った言い方だと、過去の済んだ話の報告、つまり過去の事実の報告でしかなく、そのことと現在とのつながりが感じられません。過去のモノ・コトがここでは遠くにあるただの点です。過去にあった事実を報告しているにすぎません。心理的な近さが感じられません。

　こうした現在完了の使い方を会得するための最大のポイントは、現在完了形はいわゆる時制の問題すなわち客観的な時間軸上の話ではなく、話し手本人がその過去の出来事を積極的に現在と関連付けていることを示すツールであることです。

　そのことを実感し、使い分ける上で、現在完了は現時点から過去のモノ・コトへと線を引く言い方で、過去形は、過去のモノ・コトを現時点から切り離されたただの点というイメージでつかむと覚えやすいかと思います。

　一方、以下の現在完了進行形も、過去の一定時点までさかのぼって線を引いている感じがある点は現在完了と同じです。

Remember, he's someone you've been working with.
（いいか、忘れちゃだめだよ、彼はずっと一緒に仕事をしてきた相手なんだぞ）

　違うのは、ただの現在完了の場合、そこで取り上げている過去のモノ・コトにいったんは終止符が打たれているのに対して、現在完了進行形の場合は終止符が打たれていないことです。したがって、過去の一定時点から始まっているモノ・コトが現在でも終わらずに続いていることを強調することになります。

　昔読んだイラスト入りの文法書では、I've been smoking thirty cigarettes today.（今日は、30本のタバコを吸い続けている）を表わすため、大量のタバコをくわえて吸っている人のイラストが入っていました。I've smoked thirty cigarettes today. なら、「順次吸ったタバコの数が合計で30本になる」という本来の意味を伝えられます。

DIALOG 音声を聴き取ろう

017 🔊

Abe: Beth, you're meeting ABC people today, right?

Beth: Well, I was going to.

A: What do you mean?

B: I d__ s__ u_ **an a_____ a m____ ago**, and then there was t___ urgent business ... I knew we had to d___ w___ it together with ABC ... so I called them. And then this guy on the phone got really furious, s_____ that was none of their business. I tried to explain myself, but he just wouldn't listen and h____ u_.

A: J___ l___ t___?

B: Yeah! Just like that. Whatever he was saying s_____ didn't m____ s____. I told John about it, and we w_____ o_ this mess for a month, but we were unable to b____ a_____ any improvement on the matter. P_____.

A: So that's the end of our relationship with ABC?

B: I h____ n__.

A: So what do you want me to do?

B: Huh? I never asked you for help.

DIALOG　音声を聴き取ろう

Dan: So that's how it has all c____ a____. I really should have seen him i_ p_____ and talked, not just e-mailing b___ a__ f____. He has misunderstood me completely.

Mary: Why don't you set up a meeting with him? You can still m___ u_ f__ ... hmm ... what you call the mess. All you need to do is tell him what you've just told me. Just tell him, frankly and nicely, you never doubted his good intentions even when he p_____ o__ the "downside" of your project in front of so many people. But still, I think you have to let him understand what he has done to you is wrong.

D: Oh, I don't h___ t__ n____ t_ d_ that!

M: Dan, l__ o___ s_____ t__ because he's not just someone you've been working with. He's more like your comrade. You can't l____ i_ a_ t___, can you? You show your sincerity, and if he g___ y__ w____, t____ t__ then.

Lesson 11 ▶ 電話での対応 (1)

Business Telephoning (1)

021

Tom: Hello, it's Tom here. Who am I speaking to?

Jane: Oh, hi Tom, it's Jane. What's up?

T: Well …

J: Oh, [1] **hold on** a sec. [covering the phone and shouting to another coworker in the office] Don't stop! [2] **Keep on** going! Play the whole thing and see what [3] **other people** think. [returning to the phone] Sorry, [4] **go on**.

T: Shall I call you back?

J: No. [5] **No worries**. It's fine. And, um, [6] **where were we?**

T: I just wanted to let you know I'll be 10 minutes late for the meeting. No, 15 minutes, maybe. It's so crowded here … I'm [7] **lining up** to get into the station. [speaking to someone in the crowd] Excuse me, could you [8] **move back** a little, please?

J: It's so noisy. [9] **What's going on?**

T: I don't know. There was some kind of event, I guess. I can ask these people if you like.

J: No, that's not necessary.

DIALOG　ミーティングに遅れることを伝える

Translation

ミーティングに遅れることを伝える

細かいことを気にするトムが出先から、オフィスに電話を入れている。

トム：もしもし、こちらトムです。誰が電話取ってくれたのかな。

ジェーン：ああ、もしもしトム。ジェーンよ。どうしたの？

トム：実は…。

ジェーン：あ、ちょっと待ってね。［受話器を押さえて、オフィスにいる別の同僚に叫ぶ］止めないで！　続けて！　全部再生して、他の人たちがどう思うか、見てみましょう。［電話口に戻って］あ、ごめん、それで？

トム：かけなおそうか？

ジェーン：ううん。心配しないで。大丈夫よ。それで、えーっと、何の話してたんだっけ？

トム：ミーティングに10分遅れるって伝えたかっただけなんだ。いや、15分かもしれないな。すごい混んでるんだよ…駅に入るのに、並んでてさ。［混雑の中の1人に向かって］すみません、もう少し後ろに下がっていただけますか。

ジェーン：すごい音ね。何やってるの？

トム：わかんない。なんかイベントでもあったんじゃないかな。何なら、ここにいる人たちに聞いてもいいよ。

ジェーン：ううん、そんなこと、しなくていいから。

Vocabulary

What's up?　どうしたの？
a sec = a second　ちょっと、少しのあいだ
cover　覆う
coworker　同僚
let ~ know　～に知らせる
crowded　混雑して
necessary　必要な

Lesson 11

Focus on Idioms

このダイアログで使われている句動詞・イディオムを解説していきます。

❶ hold on ちょっと待って（電話口で）

Hold on a sec.

（あ、ちょっと待って）

より丁寧な Hold the line, please.、さらに丁寧な Would you care to hold? と比べて、同僚同士など、気の置けない人どうしで使うインフォーマルな言い方。

---

❷ keep on ~ing ～し続ける

Keep on going!

（そのまま続けて！）

この on は、carry on with［何々］（［何々］を続ける）と同じく「続行」というニュアンスの副詞。それが「維持する」という意味の動詞 keep と合体して、「そのまま～を続ける」という意味になっている。

---

❸ other people 他の人たち

Play the whole thing and see what other people think.

（全体を流して、みんながどう言うか聞いてみよう）

what people think と other なしでも使えるが、other がないと世間一般というニュアンスが強まる感じがある。

---

❹ Go on. それで？（＝どうぞ続けて）

Sorry, go on.

（えっ、ごめん、それで？）

相手の話の腰を折ってしまった後、「どうぞ続けて」と言いたいときの表現。意味としては、Go on with what you were talking about.（話していたことを続けて）だが、普通は、Go on. だけで済ます。インフォーマルな言い方で、上司や取引先なら、Sorry, please go on. にしたほうが無難。

---

❺ No worries. 心配しないで

No worries.

（何も心配することないよ）

No worries. と言われたほうは、頭の中で No need to have worries. と言っているんだと「復元」するもの。元はオーストラリア英語とされているが、今は英語圏全体に普及している。

❻ Where were we? （えーっと、）何の話していたっけ？

Where were we?

（えーっと、何の話だっけ？）

直訳すれば「私たち、どこにいましたっけ？」となるが、この「どこ」は話が本筋から外れて、横道に入る前の位置を指す。

❼ line up 列に並ぶ、列をつくる

I'm lining up to get into the station.

（駅に入るために並んでいる）

パレードを見るために人が道路沿いに並ぶのを People lined the street. と言うが、その line に、「誰かに追いつく」の〈catch up with［誰々］〉の up と同様、「距離を詰める、間を詰める」というニュアンスの副詞が組み合わさったもの。

❽ move back 後ろに下がる

Excuse me, could you move back a little, please?

（すみません、ちょっと下がっていただけますか）

「後方に」という副詞の back に「動く」という意味の動詞 move がセットになっている。同じことは step back でも言える。

❾ What's going on? 何やっているんだ？　何が起きたんだ？

What's going on?

（いったい何が起きているんだ？）

You hear those sirens? Something's going on over there. （あのサイレン聞こえる？向こうで何か起きている）という具合に、go on の進行形で「出来事、事件」を表すのが普通で、ダイアログでも「なんだ、なんだ。何が起きたんだ」という感じで使われている。

Lesson 11

Focus on Function

話を元に戻すための言い回し

Where were we?
何の話してたんだっけ？

ダイアログに出てくる Where were we?（何の話してたんだっけ？）という言い方は、話が別の方向に行ってしまった後、話し手本人が自ら、話を元に戻すために使う典型的なフレーズです。

　インターラクションではありがちなことなので、以下のように、横道にそれるときの言い方、相手に対してどこまで話をしていたかを確かめる言い方と、自分で話を元に戻すにあたって、「話を元に戻しますが」と言うための表現を覚えておく必要があります。

横道にそれるときは、こんな言い方をします。

[相手がロンドンっ子を話題にしたのを受けて]

Oh, talking of **Londoners,** that reminds me of **a guy I worked with some time ago.**

（ロンドンっ子と言えば、以前、いっしょに働いた奴のことを思い出すなあ）

A: I hate those unannounced audits.

B: Oh, before I forget, **someone from Head Office is coming next Tuesday.**

（A：抜き打ち監査ってのは嫌だよなあ。B：あ、そうだ、忘れないうちに言っておくけど、来週、本社の人間が来るんだ）

[相手が黒字決算を前提に話をしているところを引き取って]

I just thought of something. **What if we fall into the red?**

（ちょっと思ったんだけど、赤字になったらどうなるんだ？）

相手に「どこまで話しましたっけ？」と尋ねるには…

I seem to have lost my place. Where was I?
（どこまでお話しましたっけ？）

A: What were we talking about?

B: We were talking about global sourcing of parts.

A: Oh, global sourcing, thank you.
（A：何の話をしていましたっけ？ B：部品の国際調達でしたけど。A：そうでしたね、国際調達。ありがとうございます）

「話を元に戻します」と伝えるには…

To get back to our discussion about the lawsuit against XYZ, I think we could save millions by settling the matter through arbitration.
（XYZ相手の訴訟に話を戻しますと、この件は、和解で解決したほうが巨額の費用を節約できると思っています）

Anyway, to get back to Item 3 on the Agenda, I think there's no need to act in haste. We might want to give the matter some thought.
（ともかく第3号議案に戻りますが、急ぐ必要はないと思います。この件、もうちょっと考えてもいいのではないでしょうか）

Picking up where I left off, I think we need to consider the local context, especially local practices.
（本筋に戻って申し上げれば、地元の事情、特に地元の実務慣行を考慮する必要があるのではないかと思っています）

Lesson 12 ▶ 電話での対応（2）

Business Telephoning (2)

023

Emma: Sales. Emma Smith speaking.

Man: Oh, isn't it Joanna Hilson?

E: Joanna is on vacation, I'm afraid.

M: Oh ... do you know when she's ¹ **coming back**?

E: Hmm, just a moment, please ... **she should be back on the 7th.** Would you like to leave a message?

M: No, there's no need for that.

E: Um, could I have your name, please?

M: No, I'll call again when she ² **gets back**. Thank you. [hangs up]

E: ³ **Very well** ... so who was that?

Tim: What's the matter?

E: The guy on the phone ... is he the one Joanna used to ⁴ **go out with**? No, she can't ⁵ **fall for** a weirdo. Oh, Tim, he must be the one from the meeting. The guy who ⁶ **reached out** to touch her hand and she yelled, " ⁷ **Get off**!"

T: Emma, I think **you should** ⁸ **put the phone down.**

DIALOG 電話を受ける

Translation

電話を受ける

エマは、見知らぬ男からの電話を受けます。

エマ：営業部。エマ・スミスです。

男：あ、ジョアナ・ヒルソンじゃないんですか。

エマ：ジョアナはあいにく休暇中ですが。

男：そうですか…いつ戻ってくるかわかりますか？

エマ：えー、ちょっとお待ちください…7日には戻ってくるはずです。メッセージをお残しになりますか。

男：いえ、結構です。

エマ：あの、お名前を頂戴できますか？

男：いえ、彼女が戻ってきたらまたかけます。ありがとう。［電話を切る］

エマ：別に結構なんですけど…ところで、誰だったのかしら？

ティム：どうしたの？

エマ：電話してきた男性よ…ジョアナが昔つき合ってた男かしら？　ううん、彼女がヘンなヤツに引っかかるわけないわ。あ、ティム、あの人、例のミーティングに出てたヤツに違いないわ。腕を伸ばしてジョアナの手を触った男よ、それでジョアナが「触らないで！」って叫んだのよ。

ティム：エマ、電話を置いたほうがいいと思うんだけど。

Vocabulary

sales = sales department　営業部
on vacation　休暇中で
should ~　〜するはずだ
leave a message　メッセージを残す
hang up　（電話を）切る
weirdo　変人、危険人物

Lesson 12
Focus on Idioms

024

このダイアログで使われている句動詞・イディオムを解説していきます。

❶ come back 戻る ＝ return

Do you know when she's coming back?
（彼女、いつ戻ってくるかわかりますか？）

戻るという意味では動詞 return もあるが、普段の会話では圧倒的に come back が使われ、実際、come が入っている定型的組み合わせでは、come back は 24 位にランクされているほど。

❷ get back 戻る ＝ return

I'll call again when she gets back.
（彼女が戻ってきたらまた電話します）

同義語の come back は帰ってくるまでの過程にフォーカスがある言い方で、get back は、結果にフォーカスした言い方。これは、How did you come here? が「ここまでどうやって来たのか」を尋ねる言い方であるのに対して、How did you get here? は、「なんだって、ここにいるんだ」と「ここにいる原因・理由」を問う言い方であることからわかる。

❸ Very well. いいんですけどね。よろしいですよ。

Very well ... so who was that?
（はあ、そうですか…ところで今の人誰なんだろう？）

「はいはい、結構、結構。ま、別にいいんですけどね」的なニュアンスがある言い方。一般に very good と比べ、very well は、話し手に何かひっかかるものがあるときに使われる。たとえば、レストランでフランスワインを飲もうと思っているのに当店ではイタリアものしかないと言われた場合、Very well, I'll have an Italian red.（そういうことなら、イタリーの赤にしましょう）と言ったりする。

❹ go out with［誰々］ ［誰々］とつき合う、デートする

Is he the one Joanna used to go out with?
（彼、昔、ジョアナがつき合ってた彼？）

相手のことを取り上げるときは with が入るが、They've been going out for something like 6 months.（あの 2 人、もうかれこれ 6 カ月ぐらいつき合っているね）のように、with なしでも使える。

❺ fall for［誰々］ ［誰々］と恋に落ちる

She can't fall for a weirdo.
（彼女、あんな変なヤツに引っかかるわけない）

「ひっかかる」と言える場合もあることからわかるよう、ネガティブな意味合いもある。実際、つまらないウソにあっさりひっかかることにも使え、She fell for one of those wire-me-the-money scams.（彼女は振り込めサギにひっかかった）と言ったりする。

❻ reach out 腕を伸ばす

The guy who reached out to touch her hand ...
(あいつだよ、自分から手を伸ばしてジョアンナの手に触れようとした奴)

副詞の out は、中心点から外に向かってというニュアンスだが、hold out his hand/a hand なら、握手したり物を受け取るために「手を差し出す」という意味であるのに対して、reach out だと、わざわざ手を伸ばす感じが強められる。

❼ Get off! 触らないで！

Get off!
(触らないで！)

自分の体に触れ、または触れようとする人に対して「触らないで」と言う場合に加え、立ち入り禁止の芝生に入っている人に対して、Get off the grass! と言うこともできる。このように、off には「離れる」というニュアンスがある。

❽ put the phone down (電話の) 受話器を置く

I think you should put the phone down.
(受話器、下したほうがいいと思うけど)

Put down the phone. という言い方もできるが、目的語が相手もわかっている旧情報／既知の事項のときは、Put the phone down. と、動詞と副詞の間に目的語を入れるのが普通。

Lesson 12
Focus on Function

2種類のshouldを使い分ける

She should be back on the 7th.
彼女、7日には戻っているはずです。
You should put the phone down.
電話を置いたほうがいいと思うんだけど。

このダイアログでは、上記のように、2カ所で should が使われていますが、前者は「〜ではないか、〜のはずだ」と可能性を言っているのに対して、後者は「〜したらどうなの」と必要性を言っています。つまり系統が違っているので、それぞれの系統の中での位置付けを意識しておくと、自分で「強弱」を使い分けられ便利です。可能性の系統では、〈[何々] is X〉と〈[何々] is not X〉との間に強弱のグラデーションを付けるツールとして、以下のものが用意されています。話し手の自信の強さに従って言えば、will、must、should そして may、might、could の順になります。

She will be back for the two o'clock meeting.
（彼女、2時の会議のために戻ってきます）

I'm sure that it must be some kind of scam.
（これは何らかのネット詐欺だよ。自信を持って言えるよ）

She should be back on Monday.
（彼女、月曜には戻っているはずだ）

Things are fluid at the moment. What I mean is that they keep changing their terms and conditions. The deal may/might/could fall through.
（今、状況は予測不可能だよ。何が言いたいかというと、先方は契約条件を変えてばかりいるんだ。この取引は流れるかもしれないな）

☞ この場合、may、might、could のどれを使っても同じですが、can はここでは使えません。The project can be a failure. という言い方だと、「将来、失敗に終わる可能性がある」と言っているのか、「現在、そういう状態になっているのかもしれない」と言っているのかわからず、「何かが起きるかもしれない」というときは can の使用を避けるのが普通だからです。

次に必要性の系統では、以下のように〈do [何々]〉と〈don't do [何々]〉との間にグラデーションが設けられています。強い順から挙げていきます。

You must submit it by Friday.
（金曜日までに提出すべきだ）

☞ ビジネス英語の世界では must はまず使いません。会話の中で must が 1 回も出てこない一方、need to が 100 回以上使われていたという研究があるくらいで、相手への気遣いから、きつすぎる must はビジネス英語の世界では、実際上死語に等しいということです。使うことがあるとすれば、自分のことについて、I must return by Friday.（金曜までに戻らなくちゃいけないんだ）という感じで使う程度です。

You have to fill out this form, attach all the original receipts and submit it to Accounting.
（この書式に記入し、領収書の原本をすべて添付し、経理に提出する必要がある）

We need to finish the meeting by 4:30 p.m.
（午後 4 時半までにこの会議を終える必要があります）

You should talk to General Counsel. This is a legally sensitive issue, you know.
（法務部長に相談したほうがいいよ。これ、法的に微妙な問題だよ。わかるでしょ）

☞ この should 自体、決して弱い感じではないので、相手が同僚ではなく、部下であることから気遣いが必要と感じたら、ダイアログでのように I think を付けることで一段と弱め、I think you should... という使い方をします。

　基本的には以上の have to、need to、should を適宜使い分けることができれば十分です。
　一方、「どうしてもと言うわけではないけれど、こうしたらどうでしょう」というニュアンスを出すには、might want がよく使われます。

We might want to put this off to the next meeting.
（この件は、次の会議で取り上げるというのはどうでしょう）

　また、「こうする他なさそうなので、〜ということにしておきますか」という感じを、つまり、「あまり気は進まないけれど、ひとまずこうしておきますか」というニュアンスを出すには might に as well を付けます。

We might as well suspend further action and wait until we hear from Head Office.
（これ以上進めるのはやめといて、本社から何か言ってくるのを待つことにしますか）

DIALOG 音声を聴き取ろう

021

Tom: Hello, it's Tom here. Who am I speaking to?

Jane: Oh, hi Tom, it's Jane. What's up?

T: Well ...

J: Oh, h___ o_ a sec. [covering the phone and shouting to another coworker in the office] Don't stop! K___ o_ going! Play the whole thing and see what o____ p____ think. [returning to the phone] Sorry, g_ o_.

T: Shall I call you back?

J: No. N_ w_____. It's fine. And, um, w____ w__ w_?

T: I just wanted to let you know I'll be 10 minutes late for the meeting. No, 15 minutes, maybe. It's so crowded here ... I'm l____ u_ to get into the station. [speaking to someone in the crowd] Excuse me, could you m___ b___ a little, please?

J: It's so noisy. W____ g____ o_?

T: I don't know. There was some kind of event, I guess. I can ask these people if you like.

J: No, that's not necessary.

DIALOG 音声を聴き取ろう

023
🔊

Emma: Sales. Emma Smith speaking.

Man: Oh, isn't it Joanna Hilson?

E: Joanna is on vacation, I'm afraid.

M: Oh ... do you know when she's c_____ b___?

E: Hmm, just a moment, please ... she should be back on the 7th.
    Would you like to leave a message?

M: No, there's no need for that.

E: Um, could I have your name, please?

M: No, I'll call again when she g___ b___. Thank you. [hangs up]

E: V___ w__ ... so who was that?

Tim: What's the matter?

E: The guy on the phone ... is he the one Joanna used to g_ o__
    w__? No, she can't f__ f__ a weirdo. Oh, Tim, he must be the
    one from the meeting. The guy who r_____ o__ to touch her
    hand and she yelled, " G__ o_!"

T: Emma, I think you should p__ t__ p____ d____.

Lesson 13 ▶ クレームとその処理 (1)

Making/Responding to Complaints (1)

025

Ian: Customer Service, Ian Cook speaking. How may I help you?

Betty Kerr: Oh, hello. This is Betty Kerr, and **I'm calling to speak about a computer** ... er, a model called H-II ... from your company. Well, I'm not [1] happy with it.

I: What seems to be the problem, Ms. Kerr?

B: I'm having so many problems. Basically, I use it for social media to see how my children and grandchildren are doing. Actually, I wanted to [2] keep up with my friends ... they use social media. They're so successful, they've [3] moved up the social ladder, you know. Oh, and I also [4] look up Spanish words. I've [5] taken up Spanish lessons, and the teacher looks exactly like George Clooney.

I: OK ...

B: Oh, I was meaning to tell you about the problems of your computer, wasn't I? Pardon me ... OK. It's [6] slowing down. It [7] goes down once in a while. I want you to [8] get me out of this situation.

I: Um, Ms. Kerr, could you make it more specific?

B: Oh, let me [9] take out my notes ... I've [10] set down everything.

DIALOG　電話でクレームを受ける

Translation

電話でクレームを受ける

顧客サービス課の社員イアンが、電話で顧客（おしゃべりの年配の女性）からのクレームを受けている。

イアン：顧客サービス、イアン・クックでございます。どうなされましたか。

ベティ：あ、もしもし。ベティ・カーと申します、おたくさまのコンピューター…えー、H-IIというモデル…のことでお電話したのですが。いえね、このコンピューターには満足しておりませんのよ。

イアン：何が問題と思われるのでしょうか、カー様？

ベティ：それはそれはたくさんの問題を抱えておりましてね。基本的には、私はソーシャルメディアのためにコンピューターを使っております、子どもたちや孫たちの様子を見るためにね。実は、友人たちに負けたくなかったんです…友人たちがソーシャルメディアを使ってまして。たいそう成功した友人たちで、出世いたしましたわ。あ、それから、スペイン語の単語の意味を調べもします。スペイン語のレッスンを始めたんですけど、その先生が、（俳優の）ジョージ・クルーニーにそっくりで。

イアン：なるほど…

ベティ：あら、私、おたくさまのコンピューターの問題についてお話しするつもりでしたのよね？　失礼いたしました…それでは（お話します）。スピードが遅くなっています。時々故障もします。この状況から、私を救っていただきたいんです。

イアン：えっと、カー様、もう少し具体的に話していただけますか。

ベティ：あら、メモを取り出しますわ…すべて、書き留めておいたんです。

Vocabulary

How may I help you?　（電話で用件を伺う際に）どうなさいましたか？
seem to be ~　〜であるように思われる
social media　ソーシャルメディア
exactly　まさに
Pardon me.　すみません
once in a while　ときどき
specific　具体的な

Lesson 13
Focus on Idioms

このダイアログで使われている句動詞・イディオムを解説していきます。

❶ happy with ［何々］ ［何々］で結構、十分

Well, I'm not **happy with** it.
（いえ、満足してはおりません）

レストランなどでコーヒーをつぎ足しに来たので断わるとき、「これで結構、十分」という意味で、I'm happy with it. Thank you. と言ったりする。逆に、商品やサービスなどに不満があるときは、I'm not happy with your product/service. と言える。この場合、unhappy を使うのは一般的でない。

❷ keep up with ［誰々］ ［誰々］の動きを追い、時には真似する

I wanted to **keep up with** my friends.
（友達に後れを取りたくなくてね）

友達に合わせるのに熱心で、たとえば、誰かが最新スマホに乗り換えれば、ときには自分もそれにならうといったことを指す。転じて keep up with the Joneses（つきあいのある人たちに負けまいと無理をしてでも高い買い物をしたりする）という「けなした」言い方もある。

❸ move up 上に行く

They've **moved up** the social ladder.
（彼ら出世しちゃってね）

動きを言う move と方向が上であることを言う up の組み合わせ。組織内での「上昇」を言うのに頻繁に使われ、He quickly moved up to a manager position.（彼はまたたく間に管理職ポストに就いた）と言ったりする。

❹ look up（辞書などを）調べる、辞書を引く

I also **look up** Spanish words.
（スペイン語の単語の意味も調べています）

ここでの up は「探し出す、発見する」というニュアンスの副詞で、「ファイルを呼び出す」ときの call up a file の up と同種のもの。

❺ take up（習い事などを）始める

I've **taken up** Spanish lessons.
（スペイン語のレッスンを始めたんですよ）

A new bakery opened up in our area.（うちの近くで新しいパン屋が開業した）で見る「始める」という意味の up を「取る」という意味の take と組み合わせることで、レッスンなどを「取り始める」というニュアンスになっている。

❻ slow down 遅くなる、する

It's **slowing down**.

（スピードが遅くなっています）

動詞 slow だけでも「減速する」という意味があるが、cool down（運動していた状態から体を徐々に普通の状態に戻す）でも見られる「低下させる、調子を落とす」という意味の down を組み合わせて強調している。

❼ go down 故障する

It **goes down** once in a while.

（ときどき故障もします）

方向を示す go に、break down（こわれる、故障する）でも見られる「悪化する」という意味の down が組み合わせてある。

❽ get [誰々] out of [何々]　[誰々] を [何々] から脱出させる

I want you to **get** me **out of** this situation.

（この状況、なんとかしてもらえませんかね）

状態の変化を表す動詞 get に「[何々] の外へ」という意味の副詞 out を組み合わせることで、「『何か』から逃れる、脱出する」という意味を形成している。ここでは前置詞 of がその「何か」を指している。

❾ take out 取り出す

Let me **take out** my notes.

（ちょっとメモを出します）

「取る」という意味の動詞 take に「〜の外へ」という意味の副詞 out を組み合わせて「〜の中から何かを取り出す」という意味になっている。そこで、「財布をバッグから取り出した」は took out her wallet from her purse という言い方になる。

❿ set down 書き留める

I've **set down** everything.

（ここにすべて書いてあるんですよ）

「付着させる」という意味がある動詞 set に、「書面上記録する」という意味の副詞 down を合体させたもの。この意味の down は、copy down、mark down、note down など、いずれも「書き留める」という意味の句動詞で共通して見られる。

Focus on Function

なぜ about "a" computer なのか

I'm calling to speak about a computer ...
コンピューターのことでお電話したのですが…

冠詞は日本語にないため、なじみにくいものの、I love the English. と I love English.（前者が「イギリス人が好きだ」、後者が「英語が好きだ」）の違いに見られるとおり、話し手がどういうつもりでその名詞を使っているかを表す大事なツールです。

ダイアログでも、I'm calling to spreak about a computer（コンピューターのことで電話をしているのですが）という形で、a computer が出てきますが、なぜ不定冠詞なのでしょう。

結論から言いますと、英語で何か具体的なものをイメージしながら可算名詞でそれを表す場合、話し手の認識として「特定のモノ・コト」を思い浮かべており、しかも、相手も「特定のモノ・コトの話なんだという認識を共有している」はずだと思えるときだけ定冠詞を付けます。それ以外は、すべて不定冠詞です。なので、a computer です。話し手本人の判断の問題ですから、他人がとやかく言える問題ではありません。

可算名詞での使い分けを表にすると、以下のような格好になります。例文 (a) から右回りに見ていきますと、最後の例文 (d) にだけ定冠詞が入っています。なぜかと言うと、他の例は、いずれも「特定のモノ・コトを指しているか」につき、話し手と聞き手との間に認識のズレがあり、唯一 (d) の例でだけ、「特定のモノ・コトの話だとの認識」が共有されているからです。

		話し手の認識	
		特定のモノ・コトとの認識あり	特定のモノ・コトとの認識なし
聞き手の認識	特定のモノ・コトとの認識あり	(d) Show me **the** tablet you got today.（今日買ったタブレット、見せてよ）	(a) Jill tells me you bought a tablet.（ジルから聞いたんだけど、タブレット、買ったんだって）
	特定のモノ・コトとの認識なし	(c) I saw a 9-inch tablet selling for ¥15,000.（9インチのタブレット 15,000 円で売っているのを見たよ）	(b) I'm thinking of buying a tablet.（タブレットを買おうかと思っているんだ）

こうした「特定のモノ・コトの話である場合に、相手もその認識を共有していると話し手が期待してしかるべき状況」があるときだけ定冠詞を付けるという構図は以下のように不可算名詞でも同じです。

		話し手の認識	
		特定のモノ・コトとの認識あり	特定のモノ・コトとの認識なし
聞き手の認識	特定のモノ・コトとの認識あり	(d) Show me **the** wine you brought.（持ってきたワイン、見せて）	(a) Jill tells me you bought **some** expensive wine.（ジルから聞いたんだけど、なんか高いワイン買ったんだって）
	特定のモノ・コトとの認識なし	(c) I had **some** great wine at the party.（パーティーで実にいいワインを飲んだよ）	(b) I need to buy **some** red wine.（赤ワイン買わなくちゃならないんだ）

イメージで言えば、抽象的な名詞は可算であれ、不可算であれ、天井に張り付くように浮かんでいる風船のようなものです。

それが具体的なモノ・コトを指すようになると、可算名詞なら a が付き、不可算なら some が付きます。重りが付く感じとなり、いわば中空に浮かんでいる状態です。

そして、最後に「特定のモノ・コトを指しており、相手もそう認識している」レベルに達すると、床に固定されるようになります。そのための道具が定冠詞と言えます。

Lesson 14 ▶ クレームとその処理（2）

Making/Responding to Complaints (2)

027

Ann: Oh, no. This customer on the phone was so angry. He was complaining [1] **on and on** ... he was furious about our products and packages, and **kept on complaining about this and that and** [2] **so on and so forth** ... he didn't [3] **hold back** for a second. And then he suddenly [4] **broke off**. How terrifying!

Kenny: Just tell him to [5] **shut up**.

A: Oh, Kenny, you don't know a thing about customer service. It's a lot of responsibility. And it's not just about answering angry phone calls. There are so many other things to [6] **get through**. Oh, I really shouldn't have [7] **taken on** this job. And I have a thing about men's angry voices. That guy on the phone was speaking like he was [8] **looking down on** me.

K: Looking down? He was looking at the phone, not you.

A: Very funny. Gosh, why do I always [9] **end up** talking to you? Don't I have friends? **You're not my confidant or anything.**

K: I'm a great listener. That's why.

DIALOG　クレームの電話が終わって

Translation

クレームの電話が終わって

顧客からのクレームの電話を受けた後、心配性のアンが、皮肉屋の同僚のケニーに話しかける。

アン：あー、やんなっちゃう。電話かけてきたお客さん、すごく怒ってたわ。延々と文句言ってきて…うちの商品もパッケージもご立腹で、あれこれとにかく色々文句言い続けて…感情を抑えるってことを一瞬たりともしないんだから。それでもって、いきなり黙り込むし。あー、怖い！

ケニー：そいつに、黙れって言ってやれよ。

アン：あー、ケニー、あなた、顧客サービスのこと、何もわかってないのね。すごい責任なの。怒りの電話を聞くだけが仕事じゃないのよ。他にもやらなくちゃいけないことがたくさんあるんだから。あーあ、この仕事、引き受けるべきじゃなかったんだわ。あとね、私、男性の怒ったときの声って苦手なのよ。さっきの電話の男性は、私を見下したような話し方をしてたし。

ケニー：見下げる？　彼が「見て」いたのは電話でしょ、君じゃなくて。（アンは「見下す」という比喩的な意味で look down と言ったのだが、ケニーはそれをわざと「見下ろす」という意味に変えて解釈している）

アン：面白いジョークだこと。もう、なんで私ったら、いつも最後はケニーに話してんのかしら？　私って友達いないの？　ケニーは、秘密を打ち明けられるような友人でも何でもないのに。

ケニー：僕は聞き上手だろ。だから、つい話しちゃうんだよ。

Vocabulary

complain　不満・苦情を言う
terrifying　恐ろしい
responsibility　責任
gosh　ああ（驚きや不快感などを表す god の遠回しな言い方）
confidant　（秘密を打ち明けられる）友人
great listener　聞き上手

Lesson 14

Focus on Idioms

このダイアログで使われている句動詞・イディオムを解説していきます。

❶ on and on 延々と

He was complaining **on and on** ...

（彼、延々と文句を言って…）

もともと I drove on for another hour.（もう一時間運転を続けた）のように、on には「引き続き、続けて」という意味があるが、again and again（繰り返し）と同様に同じ言葉を重ねることで一段と強調したのがこの言い方。

❷ so on and so forth ああだこうだと

He kept on complaining about this and that and **so on and so forth**.

（ああだこうだと文句を言い続けた）

He kept on complaining about this and that and so on.（彼はああだこうだなどと文句を言い続けた）と言ったり、同じことを He kept on complaining about this and that and so forth. という形式で言ったりするが、両者を言わば合成して強調したのが so on and so forth という言い方。

❸ hold back 勢いを弱める、感情を抑える = restrain

He didn't **hold back** for a second.

（一瞬も勢いを弱めることがなかった）

コントロールするという意味の動詞 hold に、choke back tears（涙が出るのをこらえる）でも見られる、「抑制する」というニュアンスの back をセットにした言い方。

❹ break off 話していたのをやめる、中断する = stop

He suddenly **broke off**.

（彼、いきなり黙り込んだ）

会議の予定を中止するのを call off a meeting と言うが、そこでの「中止」という意味の off を、「破る、切る」という意味の動詞 break と組み合わせた言い方。He broke off mid-sentence.（彼は言葉の途中で話すのをやめた）のように、典型的には唐突感がある。

❺ shut up 話しているのをやめる

Just tell him to **shut up**.

（そいつに、黙れって言ってやれ）

閉めるという動詞 shut に、drink up（飲み干す）で見られる、「終止符を打つ、打ち止めにする」というニュアンスの up を組み合わせたもの。

❻ get through やり遂げる、経験する ＝ finish

There are so many other things to **get through**.

（いろいろ、やらなくちゃいけないことがある）

何かを成し遂げるという意味の動詞 get に、「端から端まで」というニュアンスの through を足すことで、「最後までやって、それを経験する、やり遂げる」という意味になっている。

❼ take on 引き受ける ＝ assure

I really shouldn't have **taken on** this job.

（この仕事、引き受けるべきじゃなかったなあ）

on の基本的な意味合いは「何かとの接点を持つ」ということ。仕事を取って (take)、接点を持つ、イコールその仕事を「担う、引き受ける」ことになる。

❽ look down on [誰々] [誰々] を見下す ＝ despise

He was **looking down on** me.

（彼、私を見下していた）

物理的に上から見下ろす態度を抽象化して「さげすむ、見下す」という意味で look down を使っている。前置詞の on は対象を示すもので、意味としては about と同じ。

❾ end up [何々] 結局 [何々] になる

Why do I always **end up** talking to you?

（どういうものか、結局、あなたと話をしているよね）

「～という結末を迎える」という意味の動詞 end に、eat up（食べ物をたいらげる）、drink up（飲み干す）の up と同じ「完了する」というニュアンスの up を組み合わせたもの。end up に動詞を続けるときは ing 形を使うのがルール。

Chapter 2

社外とのコミュニケーション

Lesson 14

Focus on Function

A, B, C and so on... A, B, Cなどなどの世界

He kept on complaining about this and that and so on and so forth.

彼はあれもこれもと、とにかくいろいろ文句を言い続けた。

You're not my confidant or anything.

あなたは秘密を打ち明けられる友達でもなんでもない。

　ビジネスに限らず、会話では相手への気遣いから、紋切り型となるのを避けるため、あえて曖昧な表現を使います。ダイアログに出てくる、He kept on complaining about **this and that** and **so on and so forth**.（彼はあれもこれもと、とにかくいろいろ文句を言い続けた）での this and that や so on and so forth などはその典型例です。ここでは2つ、代表的な方法を紹介します。（話し言葉でのやり方なので、書き言葉ではあまり使えません）

　一つは、あれこれ列挙し続けるのを避けるため、「などなど」という感じで使う言い方で、以下のものをよく使います。

We don't want to be hit with unexpectedly high fees, including fuel bills and things like that.
（燃料費の類いを含めて、予想外の高い請求書を突き付けられるの、嫌ですからね）

We're interested in and doing research on solar panels, wind mills and what have you.
（私どもは、太陽光パネルや風力発電などに興味を持ち、研究しています）

We're looking at launching sugar-free candies, low-carb cookies and that sort of thing.
（糖質カットのキャンディー、炭水化物が少ないクッキーとか、そういった類いのものを売りだそうかと考えているところです）

My boss's a typical micromanager. He tells me to do so-and-so and then do such-and-such. And I have to be careful about avoiding this, that and the other. My workplace is hell!
（うちの上司は細かいことまでうるさく言う典型。ああしろ、こうしろと言い、次はあれしろ、これしろだ。そして、あれとこれなど何から何まで注意しろだとさ。職場が地獄だよ！）

　もう一つは、ダイアログの最後のほうに出てくる You're not my confidant or anything.（あなたは秘密を打ち明けられる友達でもなんでもない）での or anything です。これを付けることで、「あなたは～ではない」というきつい響きが緩和されています。これも断定調を避けるための道具です。

「～か何か」というふうにあえて曖昧にしようという場合、以下のように、肯定文なら or something を使います。

OK, let's take a break and have coffee or something.
（じゃ、休憩にして、コーヒーか何か飲みましょう）

　こういう「ぼかす」言葉は、相手に飲み物や食べ物を勧める場合、日常的に使いますが、これは、or something を付けないと、それしか選択肢がないように聞こえるからです。

Would you like some wine or something?
（ワインか何かいかが？）

　ダイアログの例のように先行部分に否定する言葉が入っているときは、以下のように or anything を使います。

This is not about high-tech gizmos or anything. What we need above all is manpower. First and foremost, we need low cost manpower.
（この件はハイテク製品がどうだのという話じゃないんです。何よりも必要なのは労働力です。何より大事なことですが、安い労働力が必要なんです）
■ gadget　真新しい装置　manpower　人的資源

DIALOG   音声を聴き取ろう

025 🔊

Ian: Customer Service, Ian Cook speaking. How may I help you?

Betty Kerr: Oh, hello. This is Betty Kerr, and I'm c____ t_ s____

a____ a c_____ ... er, a model called H-II ... from your

company. Well, I'm not h____ w__ it.

I: What seems to be the problem, Mrs. Kerr?

B: I'm having so many problems. Basically, I use it for social media

to see how my children and grandchildren are doing. Actually, I

wanted to k___ u_ w__ my friends ... they use social media.

They're so successful, they've m____ u_ the social ladder, you

know. Oh, and I also l___ u_ Spanish words. I've t____ u_

Spanish lessons, and the teacher looks exactly like George

Clooney.

I: OK ...

B: Oh, I was meaning to tell you about the problems of your

computer, wasn't I? Pardon me ... OK. It's s_____ d___. It g__

d___ once in a while. I want you to g_ m_ o__ o_ this situation.

I: Um, Mrs. Kerr, could you make it more specific?

B: Oh, let me t___ o__ my notes ... I've s_ d____ everything.

DIALOG 音声を聴き取ろう

027

Ann: Oh, no. This customer on the phone was so angry. He was complaining o_ a__ o_ ... he was furious about our products and packages, and kept on complaining about this and that and s_ o_ a__ s_ f____ ... he didn't h___ b___ for a second. And then he suddenly b____ o_. How terrifying!

Kenny: Just tell him to s___ u_.

A: Oh, Kenny, you don't know a thing about customer service. It's a lot of responsibility. And it's not just about answering angry phone calls. There are so many other things to g_ t_____. Oh, I really shouldn't have t____ o_ this job. And I have a thing about men's angry voices. That guy on the phone was speaking like he was l_____ d____ o_ me.

K: Looking down? He was looking at the phone, not you.

A: Very funny. Gosh, why do I always e__ u_ talking to you? Don't I have friends? Y____ n__ my c_____ or a_____.

K: I'm a great listener. That's why.

Lesson 15 ▶ 面接への対応（1）

Preparing/Answering Interview Questions (1)

Linda: Mr. Smith, please have a seat ... oh, ¹ look out! Be careful with the cables on the floor.

Smith: Oh ... I'm sorry.

L: Are you nervous?

S: Yes ... I am.

L: How did you get here this morning?

S: By train ... I live in Chiba ... but I think I ² set off too early. I ³ got to Tokyo Station before 6. And I ⁴ hung out around the station for a while, ⁵ went into a coffee shop but ⁶ got out after a couple of minutes, because I just couldn't ⁷ sit back.

L: You've had a long day already, I see. Now, let me ask you the first question. I want you to ⁸ look back on your life—well, you have many, many ⁹ years to go, of course—and **what would you say the biggest mistake you made is?**

S: Um, that's a difficult question. Well, I would say my biggest mistake is ... that I belonged to this soccer club for 15 years. I never really ¹⁰ went in for the sport, but I couldn't leave ... because of my parents.

⬡ **DIALOG** 面接での受け応え（1）

Translation

面接での受け応え（1）

就職活動中の大学生ジョン・スミスが、緊張した面持ちで面接会場に入ってきます。

リンダ：スミスさん、どうぞお座りください…あ、気を付けて！ 床のケーブルには、気を付けてくださいね。

スミス：あ…すみません。

リンダ：緊張してますか。

スミス：はい…してます。

リンダ：今朝は、どうやってこちらにいらしたんですか。

スミス：電車です…千葉に住んでまして…でも、早く出過ぎてしまったようです。東京駅に6時前に着いてしまいました。それで、駅の周りをしばらくうろついて、コーヒーショップに入ったんですが、すぐに出てきてしまいました、落ち着いて座っていられなかったんです。

リンダ：すでに長い一日をお過ごしなんですね、なるほど。では、最初の質問をお聞きします。ご自身の人生を振り返っていただきたいのですが—もちろん、スミスさんにはこれから、長い長い年月が待ち受けているわけですが—今までの最大の失敗は何だと思いますか。

スミス：あ、難しいご質問ですね。えー、僕の最大の失敗は…あるサッカークラブに15年在籍したことだと思います。一度として、サッカーを本当に好きだったことなど、ないんです、でもやめられなかった…両親のことがあったので。

Vocabulary

have a seat 座る
cable （電気器具の）コード
nervous 緊張した
make a mistake 間違いを犯す
belong to ~ ~に所属する
leave やめる

Lesson 15
Focus on Idioms

このダイアログで使われている句動詞・イディオムを解説していきます。

❶ look out　気を付けて

Oh, look out!

(あ、気を付けて!)

同じく「気を付けるようにする」という意味の watch out でも見られる out という「注意を払う」というニュアンスの副詞が look (見る) に組み合わさったもの。

❷ set off　出発する

I think I set off too early.

(出かけるのが早過ぎたような気がします)

ゴルフでの第一打を意味する tee off の off 同様、「離れる」という意味の off が「出発する」というニュアンスで用いられている例。

❸ get to [どこそこ]　[どこそこ] に着く

I got to Tokyo Station before 6.

(6 時前に東京駅に着いてしまいました)

I went to Tokyo Station. だと、単に東京駅に「行った」という意味にとどまるが、got to だと、「着いた、到着した」というニュアンスまで含まれる。

❹ hang out　ぶらつく、うろうろする

I hung out around the station for a while.

(しばらく駅の周りを歩き回っていました)

レストランで席が空くのを待つ間、バーで時間をつぶすような場合、We hung out at the bar, waiting for a table to become available. といった言い方をするが、そういった「何をするでもなく待つ」という意味の hang に「外食する」を表す eat out での out をセットにした言い方。

❺ go into [どこそこ]　[どこそこ] の中に入る

I went into a coffee shop.

(コーヒーショップに入りました)

類似表現の get into はタクシーに乗り込むときのように、頭がぶつからないようちょっと気遣うというふうに、何かしら注意や手間を要するときに使うので、喫茶店にただ入るような例では使えない。

❻ get out　外へ出る

I got out after a couple of minutes.

（すぐにそこから出てしまいました）

単にそこを「出る」なら go out を使うが、ここでは落ち着いていられなかったので出たわけで、このように、そこに留まっていられない積極的な理由や原因があるときは普通、get out を使う。

❼ sit back　くつろぐ

I just couldn't sit back.

（ともかく落ち着いて座っていられませんでした）

「座る」という意味の sit に、stand back（一歩下がって様子を見る）での back と同じニュアンスのものを組み合わせることで、「悠然と構える」という意味になる。

❽ look back　振り返る　=reflect

I want you to look back on your life.

（自分の人生を振り返ってみてください）

これは字義通りに、後方 = back を見る = look ことで、過去を「振り返る」という意味の句動詞になっている。一語動詞で言えば reflect。

❾ ~ days/years to go　あと何日／何年

..., many years to go

（これから何年も何年も続くことでしょう）

誕生日などうれしいことが到来するまで「あと何日」と数える場合の決まり文句で、たとえば、学期末まであと 1 週間と言いたければ、There is one week to go before the end of the term. と言えるし、もっと短く Just one week to go! とも言える。

❿ go in for ［何々］　［何々］を好きになる、凝る

I never really went in for the sport.

（あのスポーツが好きだったこと、本当にないですねえ）

句動詞の go in で、「その分野に入り込んで打ち込む」という意味であり、前置詞 for はその興味や関心の対象を言う。

Lesson 15

Focus on Function

> What would you say is the biggest mistake you made?
> なのか、
> What would you say the biggest mistake you made is?
> か

> **What would you say the biggest mistake you made is?**
> 今までの最大の失敗は何だと思いますか？

ダイアログに、上記のような質問が出てきます。

仮に和文を先に渡され、「今までの最大の失敗は何だと思いますか」を英語にしてくれと言われたら、

What do you think is the biggest mistake you made?

が一番普通でしょう。

そして、ダイアログでの例のように、挿入句の do you think に代えて、would you say を入れると、ひとまずこうなります。

What would you say is the biggest mistake you made?

ここでお気づきのとおり、ダイアログの例では is が最後に来ているのに、上の例では、what で始まる疑問文を作るときのルールどおり、What would you say という〈what 節＋ be 動詞＋ the biggest mistake you made〉という質問内容という構図です。

なぜ、ダイアログの例では、be 動詞の is が最後に来ているのでしょう？ 答えは、コンテクストにあります。つまりこの一文の前後関係を見る必要があります。会話の実際では、こうしたコンテクストを意識しておかないと相手が何を言っているのかわからなくなります。

このダイアログでは、What would you say ...? に先行して、面接担当の Linda が、Let me ask you the first question.（最初の質問をお聞きします）と言っていますから、その場にいる人であれば、What would you say 以下は、こう聞こえます。

Les me ask what ... would you say ... the biggest mistake you made is?
（何が…ご自分で思うに…最大の失敗をしたと思いますか）

つまり基本的には、

  Let me ask this.（これをお尋ねしたい）での this の部分を what 節で置き換えて、

Let me ask what the biggest mistake you made is.
（今までの最大の失敗をお尋ねしたい）

としただけです。
  直接話法 → 疑問詞を使った疑問文 → 間接疑問文の作り方を復習しながら今回のダイアログでの言い方ができるまでを振り返ると、こうなります。

The biggest mistake I made is X.（今までで最大の失敗はXです）
    ↓
What is the biggest mistake you made?（今までで最大の失敗は何ですか?）
    ↓
I'd like to ask (=Let me ask) what the biggest mistake you made is.
（今までで一番大きな失敗が何であるかを聞かせてください）

  ただ、ややこしいことに、実際にはこんなふうに ask を使いながらも直接疑問文で聞く例は世の中いくらでもあります。

Just let me ask this, "What is the biggest mistake you ever made?"

（これだけちょっと聞かせてください。これまでで一番大きな失敗というと何ですか）

  学校英語で習う直接疑問文と間接疑問文、結構、世の中で使い分けられているものです。

117

Lesson 16 ▶ 面接への対応（2）

Preparing/Answering Interview Questions (2)

031

Alan: So ... you don't have to [1] go back to your office today?

Sue: No. I [2] took a day off for this interview. I can stay here [3] as long as you want me to.

A: Ha ha, very well ... well, thank you very much for your resume. It's quite impressive, and it appears you've been [4] held up as a good model for many women.

S: Oh, I'm flattered.

A: So why do you want to [5] move on?

S: Well, **it's not that I don't enjoy my current work.** I [6] look at myself as a rebel, and I'm grateful that my company has [7] put up with the way I work. And it might sound contradictory but ... I am a rebel, but I [8] get along well with others.

A: [9] Could you get to the point? Why do you want to [10] move out of your company?

S: If you allow me to be 100% frank with you, the answer is "I'm far too good for them." I mean it.

........o **DIALOG** 面接での受け応え（2）

Translation
面接での受け応え（2）

転職活動中の女性スーが、面接会場に入ってきます。

アラン：それで…今日はオフィスに戻らなくてもいいんですか。

スー：はい。今日の面接のために、1日休みを取りましたから。御社がご希望なさるだけ、こちらにいることができます。

アラン：ハハハ、それはそれは…えー、履歴書をどうもありがとうございました。なかなか見事な内容ですね、多くの女性の良きモデルになっていらっしゃるようですが。

スー：まあ、とてもうれしいです。

アラン：それで、どうしてお仕事を変えたいのですか。

スー：ええ、今の仕事が楽しくない、というわけではないんです。私は自分自身のことを反逆者だと思っているんですが、会社が私の仕事のやり方を辛抱してくれたことには、感謝しています。そして、矛盾しているように聞こえるかもしれませんが…私は反逆者ではありますが、他の人とうまくやっていくほうなんです。

アラン：要点を言っていただけませんか。なぜ、今の会社を辞めたいのですか。

スー：100 パーセント正直なことを言わせていただきますと、「私は、今の会社にはとうていもったいない」というのがご質問への答えです。本心です。

Vocabulary

resume レジュメ、履歴書
impressive 素晴らしい、印象的な
it appears ~ ～のように思われる
model モデル、模範
current 現在の
rebel 反逆者
contradictory 矛盾した、相反する
frank 正直な、率直な

Lesson 16
Focus on Idioms

このダイアログで使われている句動詞・イディオムを解説していきます。

❶ go back to [どこそこ] [どこそこ] に戻る

You don't have to go back to your office today?
（今日はオフィスに戻らなくてもいいの？）

たいした問題ではないが、類似表現の get back to だと、移動後の所在地の変更に注目した言い方であるのに対して、go back to は単に、元いた位置への移動のみに着目した言い方と言える。

❷ take a day off 一日休みを取る

I took a day off for this interview.
（この面接のために、1日休みを取りました）

副詞の off には「離れる」という意味があり、I took time off from work. なら、仕事から離れる時間を作ったという意味。time に代えて、I took a day off. とすれば、「一日休みを取った」であり、I took a week off. なら「一週間休みを取った」ということ。

❸ as long as ～ ～だけずっと [時間を表す節を導入する接続詞]

I can stay here as long as you want me to.
（必要なだけいることができます）

時間を表すセンテンス（ここでは you want me to）を導入する3単語から成る接続詞で、続くセンテンスは常に現在形。したがって、as long as you will want me to とすると間違い。

❹ hold up as [何々] 模範的 [何々] として引き合いに出す

It appears you've been held up as a good model for many women.
（多くの女性にとっての模範とされていたようですね）

何かを「持ち上げ、掲げる」のが hold up で、何の模範であるかを示すのが前置詞の as。ここでの例のように、be held up as と、受動態で使うのが普通。

❺ move on （別の方向へと）進む

Why do you want to move on?
（どうしてお仕事を変えたいんですか？）

転職という意味での move on の場合、言外に「今の仕事を離れて」というニュアンスがあるので、Why do you want to move on from your current job?（なぜ今の仕事から転職したいのですか）と聞くこともできる。

❻ look at oneself as ［何々］ 〜のことを ［何々］ とみなす

I **look at myself as** a rebel.
（私は自分自身のことを反逆者だと思っているんです）

look at ［誰々］ で、「［誰々］ に対する人物評価をする」 という意味で、as 以下でどのような人物かという内容が示される。改まった言い方にするなら、〈 consider ［誰々］ as 〉という言い方ができるので、同じことを I consider myself as a rebel. とも言える。

❼ put up with ［何々］ ［何々］ を我慢する

My company has **put up with** the way I work.
（会社は自分の流儀を受け入れてくれています）

give up （ あきらめる）、bear up under pressure （ 圧力に負けない）、stand up against a dictator （独裁者に立ち向かう） のように、up には「屈服する、しない」を表すニュアンスがあり、前置詞 with はそこでの我慢の対象を示している。

❽ get along well with ［誰々］ ［誰々］ と仲良くする、うまくつき合う

I **get along well with** others.
（人とうまくやっていけるほうです）

元々 along は、on + long から作られた言葉で、「長さのあるものに沿って」という意味。そこから〈 get along with ［誰々］〉は肩を並べて道を行くイメージがあり、転じて、仲良くするという意味で使われている。

❾ Could you get to the point? 要点を言ってもらえますか。

Could you get to the point?
（要点を言っていただけますか？）

ここでの point は「話の要点」のことで、だらだらと要領を得ない人に対して怒りを込めて「何を言いたいんだ」なら Get to the point! と命令形で使えるほか、ここでの例のように、もっと丁寧に「要点を言っていただけませんか」ということで Could you get to the point? というふうに使うこともできる。

❿ move out of ［何々］ ［何々］ から脱する、抜ける、他に行く

Why do you want to **move out of** your company?
（どうして他の会社へと移りたいんですか？）

動きを言う動詞 move に「外へ」という意味の副詞 out の組み合わせで、人が転職する場合だけでなく、Many big companies are moving out of manufacturing into services.（いくつもの大企業が製造業からサービス業へと移行している）というふうにも使える。

Lesson 16
Focus on Function

It's not that...とIt's that....を使いこなす

It's not that I don't enjoy my current work.
今の仕事が楽しくない、というわけではないんです。

このダイアログでは、Well, it's not that I don't enjoy my current work.（ええ、今の仕事が楽しくない、というわけではないんです）という一文があります。たとえばこの後に It's that I want to know what lies beyond my current life.（今の生活ではわからない世界を見たいというわけです）と続けるとしましょう。すると 2 文は It's not that と It's that とで、いわば呼応しています。

On the one hand ..., on the other hand ...（一方では…、他方では…）というセットが比較的よく知られていると思いますが、これは理路整然とした印象を受ける一方、何か書き言葉的です。あらかじめ準備しておかないと、すらすらこういう話はできないのが普通だからです。

これに対して、話し言葉でよく使われるのは、ダイアログの **It's not that** と **It's that** というセットをはじめ、以下で紹介するようなセットです。いずれも「～というわけじゃないんですよ」「本当はね」という感じで、話しながらも、自分で次の展開を考える余裕が与えられるので好まれるのだと思います。

ポイントは、ともかく、あるモノ・コトをいったん否定してから、自分の言いたいことを打ち出すことです。順番を間違えてはお話になりません。

It's not that ... と対応させるのは常に It's that ... とは限りません、以下のように、It's more of a question ... という言い方を持ってくることもできます。

It's not that we failed to set the price to the right level. It's more of a question of consumer spending. Consumers are cutting back on small-ticket items to allow themselves to spend on big-ticket items.
（価格設定の水準が適正じゃなかったというのではありません。むしろ問題は、個人消費の方にあります。消費者たちが、高額商品に振り向けるため、低額商品への出費を減らしているのです）
■ small [big]-ticket item　低［高］額商品

また、It's not because ...It's because ... も比較的作りやすいセットです。

So you're asking why we don't use X. Well, it's not because we're trying to cut costs. It's because it has been banned by the authorities.

(つまり、どうして私どもがXを使わないのかとお尋ねですが、うーん、コストを削減しようとしているからではありません。当局が使用を禁止したからです)

We shouldn't ... や We should ... という平凡な助動詞の組み合わせも可能です。

We shouldn't engage in endless discussions about what went wrong and how to prevent recurrence. We are past that point. We should start looking at ways to generate income that would more than offset the loss.

(何がまずかったのか、どうやったら再発を防げるかで延々と議論をすべきではありません。もうその時期は過ぎています。何をすべきかと言えば、損失を補って余りある利益を生み出す方法を考え始めることででしょう)　■ offset　埋め合わせる、補う

この他、以下のようなセットがあります。

What we don't need is a lot of time spent dwelling on the past. What we need is a lot more time spent talking about the future.

(過去にこだわって多大な時間を費やすことは必要ないでしょう。必要なのは、将来のことについて話すことにもっと多く時間を費やすことです)

It's not true that we are dependent on our parent company. The truth is that we're more of a retailing partner than a subsidiary. In fact, we're financially independent of our parent.

(われわれが親会社に依存しているというのは事実ではありません。事実は、子会社と言うより、小売り流通担当のパートナーを務めているということです。事実、資金面で親会社から独立しています)
■ retail　小売り

It's not a fact that we're reducing our global manufacturing. The fact is that we're relocating our manufacturing facility from China to Thailand. And we all know the reason why.

(海外生産を縮小しているというのは事実ではありません。事実は、生産拠点を中国からタイに移転するのだということです。そして理由は皆さんご存じのとおりです)

DIALOG 音声を聴き取ろう

029

Linda: Mr. Smith, please have a seat ... oh, l___ o__! Please be careful with the cables on the floor.

Smith: Oh ... I'm sorry.

L: Are you nervous?

S: Yes ... I am.

L: How did you get here this morning?

S: By train ... I live in Chiba ... but I think I s_ o_ too early. I g_ t_ Tokyo Station before 6. And I h___ o__ around the station for a while, w__ i__ a coffee shop but g_ o_ after a couple of minutes, because I just couldn't s_ b___.

L: You've had a long day already, I see. Now, let me ask you the first question. I want you to l___ b___ on your life—well, you have many, many y___ t_ g_, of course—and w__ w____ y__ s_ t__ b_____ m_____ y_ m__ i_?

S: Um, that's a difficult question. Well, I would say my biggest mistake is ... that I belonged to this soccer club for 15 years. I never really w___ i_ f__ the sport, but I couldn't leave ... because of my parents.

DIALOG 音声を聴き取ろう

031 🔊

Alan: So ... you don't have to g_ b___ t_ your office today?

Sue: No. I t___ a d__ o_ for this interview. I can stay here a_ l___ a_ you want me to.

A: Ha ha, very well ... well, thank you very much for your resume. It's quite impressive, and it appears you've been h___ u_ a_ a good model for many women.

S: Oh, I'm flattered.

A: So why do you want to m___ o_?

S: Well, i_ n_ t___ I d___ e___ my c_____ w___. I l___ a_ m____ a_ a rebel, and I'm grateful that my company has p_ u_ w__ the way I work. And it might sound contradictory but ... I am a rebel, but I g__ a____ w__ w__ others.

A: C____ y__ g_ t_ t__ p___? Why do you want to m___ o__ o_ your company?

S: If you allow me to be 100% frank with you, the answer is "I'm far too good for them." I mean it.

Chapter 3

社外との
コミュニケーション

Managing Internal
Communication

Lesson 17 ▶ 依頼と指示（1）

Requests and Instructions (1)

033

Beth: Andy, have you sent an e-mail to the translator? Um, what was the name of the translator from ABC? Andy? Andy! [1] Wake up!

Andy: Oh, Beth! Good morning! The ... the ... shoes you're wearing are very nice.

B: Andy, I [2] have no time for those kinds of exciting remarks. And please, please don't make me [3] call out. I wish you'd pay attention. I said, did you [4] get in touch with the translator from ABC?

A: Uh ... yes, I did. I sent her an e-mail last night.

B: Can I [5] have a look at your e-mail text?

A: Sure ... let me print it out.

B: No! Remember, we've [6] brought in a paperless policy. We need to [7] bring down the cost. Andy, we're living in the 21st century. Just bring me your tablet. [Checking the text] "I'd quite like to sort of start thinking about asking you if it would be possible for you to translate the document." Andy, I don't think the [8] addressee—uh, whoever—can understand [9] what this is all about.

A: Beth, **the addressee's name is given here** [10] in black and white.

Translation

仕事を依頼する

うるさ型の上司のベスが、新人社員の部下アンディに指示を出しています。

ベス：アンディ、例の翻訳者にメールした？　えー、ABC の翻訳者の名前、何て言ったっけ？　アンディ？　アンディ！　シャキッとしなさい！

アンディ：ああ、ベス！　おはようございます！　えっと…その…履いていらっしゃる靴、ステキです。[注：相手の身に着けているものをほめるのは、あいさつ代わりの社交辞令でもある]

ベス：アンディ、私、そういうおもしろーいコメント、嫌いなの。それから、お願いだから、大声を出させないで。集中してもらえないかしら。ABC の例の翻訳者に連絡を取ったのか、と言ったのよ。

アンディ：あ…はい、取りました。昨夜、彼女のほうにメールを送りました。

ベス：あなたのメール本文を見せてくれる？

アンディ：もちろんです…プリントアウトしてきます。

ベス：そんなことしないで！　思い出してちょうだい、うちの社は、ペーパーレス・ポリシーを採り入れたのよ。コストを削減しなくては。アンディ、今は 21 世紀なの。あなたのタブレットを持ってきてくれればいいの。[メール文をチェックしながら]「資料を翻訳していただけるかどうか、伺うことについて言わば検討し始めたいと思っております」[注：アンディが書いた文は、婉曲表現が満載]アンディ、受取人？　あ、誰それさんね？　これじゃ、なんの話かてんでわからないわよ。

アンディ：ベス、受取人の名前はここに、書いてありますけど。

Vocabulary

translator	翻訳者
remark	発言、見解
text	文章
policy	方針
sort of	なんというか、ちょっと（言葉をぼかすための表現）
addressee	（手紙やメールなどの）受取人

Lesson 17
Focus on Idioms

このダイアログで使われている句動詞・イディオムを解説していきます。

❶ Wake up. しっかりしろ。

Andy! **Wake up**!

（アンディ、目を覚まして！）

元々は「起きろ、目を覚ませ」という意味の言葉。人に言うだけでなく、I need another cup of coffee to wake me up.（頭をすっきりさせるため、もう一杯コーヒーを飲まなくちゃ）と自分のことを言うのも可能。

- -

❷ have no time for [何々] 　[何々] に付き合っている暇なんかない

I **have no time for** those kinds of exciting remarks.

（そういう面白いコメントに付き合いきれませんね）

対象が人ということもある。たとえば、「お前みたいな怠け者の相手をする気はない」と言いたいなら、I have no time for people like you. となる。

- -

❸ call out 大声を出す = shout

Please don't make me **call out**.（私に大きな声を出させないでください）

呼びかける、話しかけるという意味の動詞 call に、音が創り出され、外部に発される様子を表す out を組み合わせたもの。こうした out の使い方は、blare out pop music（大音量でポップスを流す）、shout out for help（大声で助けを呼ぶ）などで見られるものと同じ。

- -

❹ get in touch with [誰々]　[誰々] と連絡を取る、つける = contact

Did you **get in touch with** the translator from ABC?

（ABC の例の翻訳者に連絡を取ってくれた？）

字義通り、touch（接触）している状態に入るということから、転じて「連絡を取る」という意味に。連絡を取り「続ける」に重点があるなら、keep を使って、keep in touch with old friends（古くからの友達と連絡が絶えないようにする）という言い方を使う。

- -

❺ have a look at [何々]　[何々] を見る = see

Can I **have a look at** your e-mail text?

（Eメールの本文、見せてもらえる？）

動詞 look（見る）をフレーズ仕立てにした。一般に、フレーズのほうが、have a very close and an extremely careful look（間近から細心の注意を払いながら見る）というように、動詞一語だと付けにくい複雑な形容を加えることができるので重宝される。

- -

❻ bring in 　導入する、採択する = introduce、adopt

We've **brought in** a paperless policy.

（うちの会社、ペーパーレスって方針、採択したんだよ）

一語動詞で言えば introduce ということだが、ここでの in には、「段階的に増税を導入する」と言うときの phase in tax increases での in と同じく「始める」というニュアンスがある。

❼ bring down 削減する、引き下げる = reduce

We need to bring down the cost. (われわれとしちゃ、コストを削減しないとね)

一語動詞で言えば reduce ということ。テレビやラジオの音量を下げることを turn down で表すが、そこでの down と同じで、レベルを下げるという意味が bring down の down にはある。

❽ addressee 受取人、名宛て人

addressee (受取人)

ビジネス英語では、以下のように行為の相手をよく -ee という接尾辞を付けて表す。例外的に、absentee (無断欠勤者) や obligee (債権者) のようなものがあるのでやや注意を要する。

absentee	無断欠勤している者
appointee	任命された者
consignee	委託販売の受託者、荷受人
employee	従業員
franchisee	フランチャイジー (フランチャイズ契約の加盟店)
lessee	賃借人
licensee	ライセンシー (ライセンスの許諾を受ける者) 免許所有者
mentee	メンティー (専任で指導・助言する先輩社員の下で研修を受けている社員)
mortgagee	住宅抵当権者 (担保物件を差し押さえ、競売できる権利者)
obligee	債権者
trainee	研修を受けている者
trustee	受託者

❾ what this is all about これが一体何の話であるか

I don't think the addressee—uh, whoever—can understand what this is all about.

(この受取人、誰でもいいけど、一体これがなんのことか、わからないと思うよ)

This is all about X. (要するに X の話だ) を組み替えた言い方で、understand what X is all about なら、「要するに X が何であるかを理解する」となる。ここでの X を this (この件) で置き換えたのがダイアログの言い方。反問調にするなら、Is this what it's all about? (結局、それだけのことなの?) というふうに言う。

❿ in black and white 書いてある、印刷してある

The addressee's name is given here in black and white.

(受取人の名前はここに、書いてありますけど)

フォーマルな言い方としての in writing というものがあるので、正式な書面などでは見ないが、会話では、I won't believe it until I see it in black and white. (書面で見るまでは信用できないね) というふうに、頻繁に使われる。

Lesson 17

Focus on Function

in black and whiteなどの2単語の定番「ペア」

The addressee's name is given here in black and white.
受取人の名前はここに書いてあります。

　英語では、ダイアログでの in black and white（「書面で」という意味）のような2単語から成るペアがよく使われるので、慣れておくと会話にはずみがつくようにもなります。

　ここではビジネス英語でもよく見聞きする「ペア」をアルファベット順に取り上げます。定型表現ですので、前後を入れ替えて使うことができません。このままの形で覚え、そのまま使うことが必要です。また、形容詞として名詞の頭についているのか、副詞として動詞とセットになっているのか、is make or break のように冠詞はついているのか等、細部まで目を配ってください。

My boss has to travel back and forth between Tokyo and London.
（上司は東京とロンドンの間を行き来する必要がある）

Despite all the bells and whistles, it's just a low-end entry model.
（諸々の付加的機能はあるものの、ただの初心者向け低価格モデルでしかない）

The results were by and large satisfactory.
（結果は概ね満足できるものだった）

The device weighs about 30 kilograms, give or take a few kilos.
（その器具の重さは、およそ30キロだ。ま、1、2キロの誤差はあるだろうけど）

This type of business is like gambling. It's pretty much a hit-and-miss affair.
（この種の事業は博打と同じだ。かなりの部分、一か八かの運任せだ）

I hear you loud and clear.
（［電話口で］はっきり聞こえます）

This product is make or break for our company.
（うちの会社にとっては、この製品に社運がかかっている）

Give me another 30 minutes. I'm more or less finished.
（もう30分待ってくれないかな。あらかた終わっているんだ）

The record-breaking product should allow us to go onward and upward. (この記録破りの製品のおかげで、右肩上がりの成長を続けられるはずだ)

Their new product is an out and out flop.
(彼らの新製品は完全な失敗作だ)

Working well with others and presentation skills are part and parcel of this job.
(他の人たちと協力しながら仕事をし、またプレゼンをする能力はこの仕事では当然だ)

We spent hours discussing the pros and cons of relocating to Yokohama. (横浜への移転の是非をめぐって何時間も議論が続いた)

This is just a rough and ready translation but you can get the gist of it all.
(これはざっと翻訳したものだけれど、大体何を言っているかぐらいはわかると思うよ)

These rules and regulations are pro-industry, so they don't make sense to the average consumer.
(こうした規則は業界寄りなので、普通の消費者には納得が行かない)

I'm sick and tired of their complaints.
(彼らのクレームにはもうウンザリだ)

The company's earnings presentation was all smoke and mirrors.
(その会社の決算説明会は全てまやかしだった)

They will go belly up sooner or later.
(遅かれ早かれあの会社は倒産する)

So they're setting unfair prices. Fine. We'll discount everything to below cost. I believe in tit for tat.
(そうか、連中は不当価格で臨んでいるのか。よし。こっちは全品原価割れの値引きだ。やられたらやり返すのが俺の主義だ)

A vendor failed to deliver an important component and it was a touch and go for about 2 hours.
(納入業者が時間どおりに納品せず、2 時間ほどひやひやの状態が続いた)

Our business is particularly sensitive to the ups and downs of the economy.
(うちのビジネスはとりわけ景気変動に振り回されやすい)

Normal wear and tear is not covered by warranty.
(通常の減耗は保証の対象外だ)

My boss is always wining and dining our top clients.
(上司はいつも一番の得意先を接待している)

Lesson 18 ▶ 依頼と指示（2）

Requests and Instructions (2)

035

Beth: Andy, you're [1] **off to** H&G?

Andy: Yes, Beth.

B: Have you [2] **gone over** the [3] **do's and don'ts** for business meetings? [4] **Make sure** you [5] **build up** a good relationship with them. They're our sponsor, not your friends. You're seeing them [6] **on our behalf, all right?**

A: I understand fully.

B: And don't [7] **look around** the building. I know you'll feel tempted. H&G headquarters [8] **is known for** its magnificent cafeteria and pool on the roof. But don't you ever [9] **nose around**—like you did at the party the other night. Are you with me? Are you listening, Andy?

A: I am. I had my ears checked only yesterday. The doctor said they're great! I hear every single word all right.

B: Grr! Anyway ... Andy, [10] **turn around**. What's that you have on your head? You're not going to see our sponsor with cereal on your head, are you?

Translation

仕事の指示をする

得意先の H&G 社訪問のため、外出する新入社員のアンディに、上司のベスが声をかけます。

ベス：アンディ、H&G に出かけるの？

アンディ：はい、ベス。

ベス：ビジネス・ミーティングの「べし・べからず集」を見直した？ 良い関係を築き上げてくるように、いいわね。先方はうちのスポンサーなのよ、友達じゃありませんからね。社を代表して会いに行くんだから？ いいわね？

アンディ：ちゃんと理解しております。

ベス：それから、建物内を見て回らないように。そうしたくなるだろうけど。H&G 本社は、素晴らしいカフェテリアと屋上のプールが有名だし。でも、絶対にコソコソとかぎ回らないように―この間のパーティーでしたみたいにね。ちょっと、聞いてる？ 聞いてるの、アンディ？

アンディ：聞いてます。昨日、耳を診てもらったばかりなんですよ。医者が、僕の耳は素晴らしいと言ってました！ 言葉は一つ残らず、ちゃんと聞いてます。

アンディ：うーっ！ とにかくね…アンディ、後ろ向いて。頭についてるそれ、何？ あなた、頭にシリアル付けて、スポンサーに会いに行くんじゃないでしょうね？

Chapter 3 社内でのコミュニケーション

Vocabulary

sponsor スポンサー
fully 完全に
tempt 誘惑する、（人を）引きつける
headquarters 本社、本部
magnificent 素晴らしい
every single 一つ一つの、すべての
anyway とにかく

Lesson 18
Focus on Idioms

このダイアログで使われている句動詞・イディオムを解説していきます。

❶ off to [どこそこ]　[どこそこ] に向かう

You're **off to** H&G?

（H&G に、行くところ ?）

元々 off には「現在地を離れる」という意味があるので、I'm off. なら「出かける、帰る」という意志表示であり、You're off to [どこそこ] ? なら、平叙文を使いながら尻上がりの抑揚をつけた疑問文になる。

❷ go over　見直す　= review

Have you **gone over** the do's and don'ts for business meetings?

（ビジネス・ミーティングの「これやるべし・これやるべからず」に目を通した ?）

何かにつき考えを巡らす think over、じっくり話し込む talk over に見られるとおり、over を足すことで、「踏み込んで、じっくりと」観察し、あるいは考えるというニュアンスが付与される。

❸ do's and don'ts　これをしろ、これはするな（という項目）

Have you gone over the **do's and don'ts** for business meetings?

（ビジネス・ミーティングの「これやるべし・これやるべからず」に目を通した ?）

リストとして紹介するときは、よく、〈Here's a list of do's and don'ts for [何々]〉というふうに、前置詞 for を使って目的を示す。

❹ Make sure you do [何々].　[何々] するのを確実にしてください　= ensure

Make sure you build up a good relationship with them.

（彼らといい関係が築けるようにすること）

make sure で「[[何々]] につき確実を期するようにしてくれ」ということであり、make sure you と相手をそこに入れることで、「間違いなく何々するよう気を付けてくれ」という意味になる。

❺ build up　築く　= establish

Make sure you **build up** a good relationship with them.

（彼らといい関係が築けるようにすること）

何かを建てる build に、速度を上げるときの speed up、声を大きくする speak up でも見られる「程度を高くする、度合いを強める」という意味の up を組み合わせることで、「より良くする、より大きくする」という意味になっている。

❻ on one's behalf ～の代わりに、代理人として

You're seeing them **on our behalf**, all right?

（私たちを代表して彼らと会うんですよ、いい？）

古英語の by half、すなわち「私の分身として」から生成されたのが behalf で、on behalf of［誰々］で、「［誰々］の代わりに」という意味になる。厳密には、in behalf of という類似表現は「［誰々］のために」ということだが、アメリカ英語では区別されないで使われている。

❼ look around 見て回る

Don't **look around** the building.

（相手のビルの中をいろいろと見て回るな）

around が日本語の「あちらこちら」に相当し、見るという意味の動詞 look と組み合わせることで「あちこち見て回る」という意味になる。

❽ be known for［何々］ ［何々］で有名だ、知られている

H&G headquarters **is known for** its magnificent cafeteria and pool on the roof.

（H&G の本社は、素晴らしいカフェテリアと屋上プールが有名です）

日本語だとどちらも「有名」だが、famous は known に well を足した be well known for ということであり、したがって、ただの be known for は知っている人の数、あるいは地域的な知名度においてやや劣る感じがある。

❾ nose around（余計なところを）のぞいて回る

Don't you ever **nose around**.

（コソコソとかぎ回わらないように）

ここでの around は❼の look around と同じく「あちこち」ということで、これに「余計なところに鼻を突っ込む」という意味の動詞 nose が組み合わせてある。ここから伺えるとおり、インフォーマルな言い方。類似表現に、pry into があり、He's always prying into other people's business.（あいつはいつも人のことをあれこれ詮索ばかりしている）というふうに使う。

❿ turn around（指示として）後ろを向く、くるりと体の向きを変える

Andy, **turn around**.

（アンディ、後ろ向いてごらん）

この around は「あちらこちら」ではなく、spin around の around と同様の「180 度回転する、くるくる回る」という意味のもの。

Lesson 18
Focus on Function

相手の理解を確認する方法

All right?
わかった？

いくら一生懸命しゃべっていても、相手がきちんと理解していないようでは話になりません。そこで会話例でも見られるとおり、「わかっている？」「わかった？」と言いたいときは、何か言った後に、

All right?

と続けます。これに類した表現には以下のものがありますが、これらは同僚ならともかく、上司には使えません。

Got it?（わかった？）
Okay, so far?（ここまでの話、わかった？）

また、「話についてきている？」「ちゃんと聞いている？」と確かめたいときは、

Are you with me? Are you listening?

と言います。これらも親しい同僚同士で使う言い回しです。
聞かれたほうは、わかっていれば、

I'm following you OK.

と言い、念を入れて、「こういうことでしょう」と相手に確認するなら、

You're saying that I shouldn't nose around like last time.
（この前みたいに、あちこちのぞき回るなと言っているんでしょう）

と言って、自分が理解した相手の説明を短く繰り返します。わからなければ、

Sorry, I don't follow you.

と言えば十分です。また、話の一部がわからなかったときは、

Sorry, I didn't catch that part about nosing around?
（ごめん、何かのぞき回るのがどうのというあたり、ちょっと聞き落としたみたい）

と言ったりします。
　一方、上司や取引先など、気を遣うべき相手に対して言うときは、相手にフォーカスせず、自分の説明が十分だろうかとへりくだった姿勢を見せ、こう言います。

Am I making myself clear?
（私の説明でおわかりいただけましたでしょうか）

立場が上の人は、こんなふうに応じます。

No problem. I understand what you're saying.
（問題なしですよ。おっしゃること、わかります）

More Tips

all right は実に多義的な言葉で、便利です。「満足だ」「正確だ」「OK だ」「実にいい」「無事だ（安否が心配されているときの）」という意味でいろいろな場面で活用されています。ところが、これだけポピュラーで知られている単語なのに、ネイティブでも alright と書く人が多い単語です。しかし、どの辞典もそろって、alright という単語の存在を否定しています。やはり all right と書いたほうが無難です。

DIALOG　音声を聴き取ろう

033 🔊

Beth: Andy, have you sent an e-mail to the translator? Um, what was the name of the translator from ABC? Andy? Andy! W___ u_!

Andy: Oh, Beth! Good morning! The ... the ... shoes you're wearing are very nice.

B: Andy, I h___ n_ t___ f_ those kinds of exciting remarks. And please, please don't make me c__ o__. I wish you'd pay attention. I said, did you g__ i_ t____ w__ the translator from ABC?

A: Uh ... yes, I did. I sent her an e-mail last night.

B: Can I h___ a l___ a_your e-mail text?

A: Sure ... let me print it out.

B: No! Remember, we've b_____ i_ a paperless policy. We need to b___ d____ the cost. Andy, we're living in the 21st century. Just bring me your tablet. [Checking the text] "I'd quite like to sort of start thinking about asking you if it would be possible for you to translate the document." Andy, I don't think the a_____—uh, whoever—can understand w__ t__ i_ a_ a____.

A: Beth, t_ a_____ n___ i_ g___ h__ in b___ a_ w___.

DIALOG 音声を聴き取ろう

035

Beth: Andy, you're o_ t_ H&G?

Andy: Yes, Beth.

B: Have you g___ o___ the d__ a__ d__'ts for business meetings? M___ s___ you b___ u_ a good relationship with them. They're our sponsor, not your friends. You're seeing them o_ o__ b_____, all right?

A: I understand fully.

B: And don't l___ a_____ the building. I know you'll feel tempted. H&G headquarters i_ k_____ f__ its magnificent cafeteria and pool on the roof. But don't you ever n___ a_____—like you did at the party the other night. Are you with me? Are you listening, Andy?

A: I am. I had my ears checked only yesterday. The doctor said they're great! I hear every single word all right.

B: Grr! Anyway ... Andy, t___ a_____. What's that you have on your head? You're not going to see our sponsor with cereal on your head, are you?

Chapter 3

社内でのコミュニケーション

Lesson 19 ▶ 説明と見直し（1）

Explanations and Reviews (1)

037 🔊

Steve: Ruth, sorry to interrupt, but can I have a word with you?

Ruth: Sure ... oh, wait a minute. Let me just answer this phone ... Hello! Hello! Huh, I [1] was cut off. [2] Never mind. So, what's up?

S: I have a problem.

R: I can see that. Come on, Steve, [3] cheer up! OK. [4] Fill me in on your problem. I'm all ears.

S: Well, ABC has not paid us for the analysis we did and sent them three months ago. I sent them e-mails about it [5] over and over, but still, no payment.

R: Did you [6] write down 100 percent clearly what you had to say? Correct me if I'm wrong, but ... you sometimes seem too nice and don't say what you really have to say.

S: I did write it down very clearly. But every time they [7] came up with every possible excuse.

R: Like?

S: Like ... the form this person [8] filled out for payment had smudges and therefore, it was [9] turned down.

R: Oh, you believed that?

S: Of course, I didn't. But I think me and ABC have a very serious communication problem.

DIALOG 支払いについてのトラブル

Translation

支払いについてのトラブル

スティーヴが、先輩のルースに取引先の ABC の未払いの件で相談しています。

スティーヴ: ルース、お取り込み中ごめんなさい、ちょっと話があるんだけど、いいですか。

ルース: いいわよ… あ、ちょっと待って。この電話だけ出させて…。もしもし！ もしもし！ あら、切られちゃった。ま、いいわ。それで、どうしたの？

スティーヴ: 困ったことになっちゃって。

ルース: そんなの、見りゃあわかるわ。ほら、スティーヴ、元気出しなさいよ！ しょうがないわね。あなたの悩みについて教えて。ちゃんと聞くから。

スティーヴ: 実は、ABC 用にやった分析、3 カ月前に先方に送ったんですが、その支払いがまだなんです。何度もそのことで ABC にメールを送ったんですけど、まだ未払いで。

ルース: 言わなくちゃいけないことを、ちゃんとはっきりと書いて送った？ もしも間違ってたら言ってほしいんだけど…スティーヴは時々、人が良過ぎるように見えるのよ、だから、本当に言わなくちゃいけないことを言わない、って言うか。

スティーヴ: きわめて明確に書きましたよ。でも毎回、先方は、考えうる限りの言い訳を考えついてきて。

ルース: たとえば？

スティーヴ: たとえば…入金のための用紙にシミがついていて、したがって突き返された、とか。

ルース: ちょっと、そんなこと信じたわけ？

スティーヴ: もちろん、信じやしませんよ。でも、僕と ABC の人たちって、深刻なコミュニケーション上の問題を抱えているように思えるんです。

Vocabulary

interrupt 中断する、じゃまする
have a word with ~ （相談などのため）～と少し話をする
I'm all ears. さあ話してください。しっかり聞いています。
analysis 分析
payment 支払い
excuse 言い訳
smudge 汚れ、シミ
therefore それゆえに、だから

Lesson 19
Focus on Idioms

このダイアログで使われている句動詞・イディオムを解説していきます。

❶ be cut off （電話を）切られてしまう　= disrupt

I was cut off.

（あっ、切れちゃった）

自分のアカウントを使ってのシステム上の作業を終えたとき、log off して他のユーザーが使えるようにしたりするが、その off 同様、この off も「打ち切る」というニュアンス。これが、通信回線が「切れた」ことを言うときの cut と組み合わさっている。

❷ Never mind. ま、いいさ

Never mind.

（ま、いいさ）

ここでは、「どうだっていいさ、気にするまでもない」と自分に言い聞かせる形で使っているが、この他、約束のものを持ってくるのを忘れ、謝っている相手に対して「気にしなさんな」と言いたいときにも使う。たとえば、Sorry, forgot to bring the book I borrowed. Never mind. （「ご免、借りていた本、持ってくるのを忘れちゃった」「いいよ、気にするなよ」）など。

❸ Cheer up! 元気出して！

Come on, Steve, cheer up!

（ほら、スティーヴ、元気出して！）

声を一段と大きくすることを speak up と言うが、その up 同様、up が入ることで、活気づく、明るく振る舞うという意味の cheer が一段と強調されている。

❹ fill [誰々] **in on** [何々]　**[何々] につき [誰々] に詳しく説明する**　= explain

Fill me in on your problem.

（どういう問題、ちょっと教えてよ）

句動詞の fill in は、情報、特に足らない部分を補充するという意味で、これに「〜に関して」という意味の前置詞 on が加わっている。書式の空欄を補充して完成させることを fill in a form と言うが、それを連想させる言い方。

❺ over and over 何度も

I sent them e-mails about it over and over.

（この件でのメール、相手に何度も何度も送った）

言葉を繰り返して強調する言い方は、同じく「何度も」という意味の again and again でも見られる。

❻ write down 書く、書き留める = write、state

Did you **write down** 100 percent clearly what you had to say?
(言うべきことを 100 パーセントきちっと書いた ?)

いずれも「書き留める」という意味の copy down、jot down、set down、put down で使われる down は、「表面上に、水平面上に」というニュアンス。これが「書く」という意味の動詞 write と組み合わさることで、感じとして、「書きつける、書きとめる、書き置く」という響きになる。

❼ come up with ［何々］ **［何々］を考えつく**

Every time they **came up with** every possible excuse.
(毎回、あらゆる言い訳を持ち出してくるんだよ)

意識下の世界から意識の世界へと上がってくるニュアンスを出しているのが、この up で、知恵を絞って考え出すときの think up での up に共通するものがある。実際、think up と come up with には互換性がある。

❽ fill out 記入する = complete

Like ... the form this person **filled out** for payment had smudges and therefore ...
(たとえばね、この人が記入すべき支払いの書式にさ、なんかシミがあって、それでどうこうと、そんな話だよ)

記入するという意味の動詞 fill に、「完全に、漏れなく」というニュアンスの out が組み合わせてある。こうした out は、いずれも「完全に」というニュアンスが強められている、dry out（完全に乾かす）、clean out（徹底的に掃除する）で見られるものと同じ。

❾ turn down 突き返す、却下する = reject

It was **turned down**.
(それが突き返されたんだ)

方向感を示す動詞の turn に、shut down（事業所を閉鎖する）、wind down（事業を縮小する）に見られる、「終わりにする、不首尾に終わる、打ち切る」というニュアンスの down が組み合わされている。

Lesson 19
Focus on Function

言葉を継いで相手のセンテンスを完成させるスキル

　インターアクション、つまり会話は、参加者の共同作業で、一方だけがそれだけで完結したことを言うようでは演説になってしまいます。会話は掛け合いで進むということです。たとえば、ベースボールは好きですかという質問に相手が答えて、

Of course, I love baseball. My favorite team is Dodgers, and my favorite player is, of course ...
（もちろん、ベースボール、好きですとも。好きなチームはドジャーズで、好きな選手はもちろん…）

と言ったところで、そこを引き継いで、こちらから、

Ohtani!（大谷選手!）

と言って、相手のセンテンスを完成させます。

　つまり、My favorite team is Dodgers, and my favorite player is, of course, Ohtani. と、本来であれば、1人で言えるセンテンスを互いに助けあって、完成させているのです。同様に、相手が、具体例を示さず、

They come up with every possible excuse.
（連中、考えられる限りの言い訳をひねり出すんだよな）

と言ったような場合、

Like?（たとえば）

というふうに、いわば水を向けます。同様に、

I can't believe what they're doing.（連中のやっていること、信じられん）

と息巻いている相手に、内容を聞き出すべく水を向けるなら、

Which is?（信じられないって、何が?）

と、いわば相手が言い残している部分を完成させるよう仕向けます。この結果、たとえば、

Laying off employees and freezing salaries.

（従業員の整理解雇や賃金凍結だよ）

というふうに相手も具体的内容を補充してくれます。

　時には、話しているときに言葉が続かなくなり、相手に助けを求めたくなるときもあるでしょう。たとえば、

OK. We need to discuss the terms of ... umm ...

（じゃ、条件を話し合いましょう、えっーと）

と納品を指す delivery という英語を思い出せなくなったとします。こういう場合は、まずは

I don't know how to say it. (英語で何て言うのかがわかりません)

と言ってから、以下のように、わかる範囲の英語で「それ」を形容します。

The act of bringing the goods you bought to your place. I don't know the English word.

（買われた品物をそちらにお届けすること、これ英語でなんと言うのでしょう?）

雑談ではありませんから、相手も一生懸命、考えてくれ、

A: Oh, delivery. B: What do you call that again? A: Delivery. B: Thank you.

（A：ああ、納品ですね。B：もう一度お願いします。A：納品です。B：ありがとうございます）

といったやり取りを経て決着します。

そして納品の英語がわかったところで、「出直し」ます。

Sorry, let me start again. We need to discuss the terms of delivery.

（失礼しました。では最初から。納品の条件を話し合う必要がありますね）

　自分の言いたいことを互いに言い合うのではなく、ときには、共同作業でセンテンスを完成させるという会話のスキルは、テレビドラマなどでも注意して見ていると頻繁に行われています。次の機会に観察してみてください。

Lesson 20 ▶ 説明と見直し（2）

Explanations and Reviews (2)

039

Mary: Phil, **there's something I'd like to discuss with you.**

Phil: Yes, Mary.

M: I've talked to quite a few female staff members and as it
¹ turned out, many of them are ² nearly always concerned
about their worklife balance.

P: ³ I'm not surprised.

M: Oh, ⁴ excuse me for saying this, but I've never imagined you'd
be familiar with the work-life balance problem. Your wife is a
dedicated wife, and she never ⁵ gets in the way of your work.

P: ⁶ As a matter of fact, she's no longer a full-time homemaker.
She's been working for a year now. When she ⁷ started out, I
was a little ⁸ put out, of course. I wasn't used to the washing and
cleaning, you see. But then I realized I was ⁹ taking her for
granted. Oh, we ¹⁰ went through so many discussions, and I'm
not what I used to be. Actually …

M: [Cutting in] Oh, I only wanted to discuss the possibility of having
an in-house seminar on the work-life balance.

P: Well, in that case, we need to revise our rules about seminars.
When I was young ….

DIALOG　女性の仕事と家庭の両立について

Translation

女性の仕事と家庭の両立について

言いたいことを言うメアリーが、自己陶酔型の上司のフィルと、女性の仕事と家庭の両立について話している。

メアリー: フィル、ご相談したいことがあるのですが。

フィル: 何だい、メアリー。

メアリー: たくさんの女性社員と話をしたのですが、それでわかったのは、仕事と家庭の両立について常にと言っていいほど悩んでいる女性がたくさんいる、ということです。

フィル: そりゃあ、そうでしょう。

メアリー: あ、こんなこと言って申し訳ないんですが、フィルは仕事と家庭の両立の問題には絶対に縁がないと思っていました。奥さまは献身的な妻で、フィルの仕事の邪魔はなさらないでしょう。

フィル: 実を言うとね、彼女はもう、専業主婦じゃないんだよ。働いて1年になる。彼女が仕事を始めたときは、もちろん、少々困惑したよ。僕は、皿洗いとか掃除とか、そういうことに慣れていなかったんだからね。でも、そのうち、気づいたんだ、僕は彼女のありがたみをわかっていなかったってね。ああ、夫婦で何度も話し合いをしたよ、僕は昔の僕じゃない。実は…。

メアリー: [割って入って] あの、仕事と家庭の両立に関するセミナーを社内ですることの可能性について、お話したかっただけなんですけど。

フィル: いや、その場合は、社のセミナーのルールを見直さなければならないね。私が若い頃はね…。

Vocabulary

quite a few　かなりの数の、相当数の
be concerned about ~　～に関心がある、憂慮している
be familiar with ~　～に詳しい、通じている
dedicated　献身的な
homemaker　主婦
used to ~　（以前は）～したものだ
revise　見直す、修正する

Lesson 20
Focus on Idioms

このダイアログで使われている句動詞・イディオムを解説していきます。

❶ turn out 判明する　=transpire（フォーマル）

I've talked to quite a few female staff members and as **it turned out**, ...
（たくさんの女性社員と話をしたのですが、それでわかったのは…）

基本的には happen（起きる）という意味だが、この会話例でのように、as it turned out という形で、「意外なことに」というニュアンスを出すために使われることが多い。

❷ nearly always 常にと言っていいくらい、たいてい

Many of them are **nearly always** concerned about their work-life balance.
（彼女たちの多くが、たいてい、仕事と家庭の両立について悩んでいます）

ここで always だけを使うと、「いつもそうだ」という断定的判断になってしまうので、会話ではこのようにあえてぼかした言い方をすることが好まれる。

❸ I'm not surprised. 驚くようなことでもない。=そんなもんでしょう。

I'm not surprised.
（まあ、驚かないですね）

相手が言ったことについて、「別段、驚くようなことでもないでしょう、そんなところでしょう」という感じで使われるフレーズ。I don't wonder. と言っても同じ。

❹ excuse me for saying this こんなことを言うのもどうかと思います

Excuse me for saying this, but I've never imagined you'd be familiar with the work-life balance problem.
（こんなこと言って申し訳ないんですが、あなたは仕事と家庭の両立の問題には絶対に縁がないと思っていました）

長めながら、自分の発言のインパクトを和らげるためによく使うセリフで、直訳すれば「これから耳障りなことを申し上げますが、ご容赦ください」という意味。this の部分まで、まるまる覚える必要がある。

❺ get in the way of [何々] [**何々**] の邪魔をする

She never **gets in the way of** your work.
（彼女はあなたの仕事の邪魔をしないでしょう）

何かが妨げとなっているときに使う言い回しで、合意寸前に技術的問題が絡んできて進まなくなったような場合、some technical issues got in the way と形容したりする。

❻ as a matter of fact 実は

As a matter of fact, she's no longer a full-time homemaker.

（実は、彼女はもう専業主婦ではないんです）

相手の認識と異なることを持ち出す場合に使うフレーズで、他に、actually, in fact と言っても同じ。

❼ start out 始める = commence（フォーマル）

When she started out, I was a little put out.

（彼女が仕事を始めたときは、ちょっと困りました）

動詞 start だけでも「始める」という意味を伝えられるが、out をつけることで出発点を「離れる」という意味を強調できる。こうした out は「出発する」という意味の句動詞 set out で見られるものと同じ。

❽ put [誰々] **out** [誰々]**を困惑させる、迷惑をかける** = inconvenience

I was a little **put out**.

（ちょっと困りました）

故障中を意味する out of order に見られるとおり、out には「本来あるべき状態ではない」という意味があり、そこから、「誰かを本来の状態ではない状態に置く」put [誰々] out は、その人を困らせたり、迷惑をかけたりすることを指す。

❾ take [誰々] **for granted** [誰々]**が自分を手伝う、または一緒にいるのが当たり前と思い込む**

I realized I was **taking her for granted**.

（気がついたんです、彼女がいてくれるのが当たり前だと思っていたことに）

何でも自分の思うがままになると思い込んでいて、妻までも「自分のためにいてくれるのが当たり前」と思っているような人に、こう言える。
You take too many things for granted. I wish you didn't take me for granted.
（感謝の気持ちもなしに「当たり前」と思っていることが多過ぎませんか？　私のことまで「自分のためにいて、当たり前」と思わないでほしいんですけど）

❿ go through [何々] [何々]**（段階、話し合いなど）を経る** = experienced

We **went through** so many discussions.

（何度も話し合いました）

ここでの副詞の through には、「端から端まで」という意味があり、具体的行為であれば break through（突き抜ける、突破する）と言える一方、抽象的にはここでの例のように、行為するという意味合いの go と組み合わせて、「最初から最後まで付き合う」という意味で使える。

Lesson 20
Focus on Function

会話のオープニングの手順

There's something I'd like to discuss with you.
ご相談したいことがあります。

　日本語での会話と同じで、英語でもいきなり本題に入らず、いわば予告編的な言い回しを入れて、これからどんな話をするのか相手に知らせるのが自然な流れです。

　Lesson 19 では、「ちょっとよろしいでしょうか」ということで、Can I have a word with you? と話を切り出しています。

Lesson 20 では、「ちょっと相談したいことがあるんですが」ということで、

There's something I'd like to discuss with you.

と切り出しています。

ここでの一つのポイントは、

I'd like to discuss work-life balance.
（仕事と家庭の両立について話をさせていただきたい）

などと切り口上で臨まず、あえて、something という曖昧な言い方を使っていることです。

　ここでは本題がやや込み入っているので、こういう切り出し方をしていますが、もっと単純な用件の場合、相手が同僚であれば、

Got a minute? It's about XYZ.
（ちょっといいですか？　XYZ の件なんですが）

程度で済ませます。

相手が上司であるときは、

Can I have a word with you? It's about XYZ.
（ちょっとお話させていただけますか？　XYZ 件ですが）

と、前半だけ丁寧にすれば十分です。

　電話のときも、やはり「オープニング」の合図は必要で、本人が電話口に出て名乗った後は、典型的には、こんな感じです。

Is this a good time (to talk)? It's about XYZ.
（今、[お時間] よろしいですか？　XYZ の件ですが）

　英語となると緊張して何を話すかというコンテンツで頭がいっぱいになりがちですが、やはり人間同士のコミュニケーションですから、インターラクションを円滑に「進めるための手順」があることを今一度意識しておく価値はあると思います。

More Tips

「[何々] について論じる」が頭にあるためか、discuss は他動詞であり、したがって前置詞抜きで目的語を取るのに、中級者レベルでも〈discuss about [何々]〉と言ってしまいます。この動詞が要注意なのは、had a discussion about [何々] と名詞形の場合は about を使うので、動詞の場合、about を入れてもいいと錯覚しがちなことです。

DIALOG 音声を聴き取ろう

037

Steve: Ruth, sorry to interrupt, but can I have a word with you?

Ruth: Sure ... oh, wait a minute. Let me just answer this phone ...

Hello! Hello! Huh, I was c_ o_. N____ m___. So, what's up?

S: I have a problem.

R: I can see that. Come on, Steve, c____ u_! OK. F_ m_ i_ o_ your

problem. I'm all ears.

S: Well, ABC has not paid us for the analysis we did and sent them

three months ago. I sent them e-mails about it o___ a__ o___,

but still, no payment.

R: Did you w___ d____ 100% clearly what you had to say? Correct

me if I'm wrong, but ... you sometimes seem too nice and don't

say what you really have to say.

S: I did write down very clearly. But every time they c____ u_ w___

every possible excuse.

R: L___?

S: L___ ... the form this person f____ o__ for p_____ had s_____

and t_____, it was t_____ d____.

R: Oh, you believed that?

S: Of course, I didn't. But I think me and ABC have a very serious

communication problem.

DIALOG 音声を聴き取ろう

039

Mary: Phil, t_____ s_____ I'_ l__ to d_____ w__ y__.

Phil: Yes, Mary.

M: I've talked to quite a few female staffs and as it t_____ o__, many of them are n_____ a_____ concerned about their worklife balance.

P: I'_ n__ s_____.

M: Oh, e_____ m_ f__ s_____ this, but I've never imagined you'd be familiar with the work-life balance problem. Your wife is a dedicated wife, and she never g___ i_ t__ w__ o_ your work.

P: A_ a m_____ of f___, she's no longer a full-time homemaker. She's been working for a year now. When she s_____ o__, I was a little p__ o__, of course. I wasn't used to the washing and cleaning, you see. But then I realized I was t_____ h_ f__ g_____. Oh, we w___ t_____ so many discussions, and I'm not what I used to be. Actually ...

M: [Cutting in] Oh, I only wanted to discuss the possibility of having an in-house seminar on the life-work balance.

P: Well, in that case, we need to revise our rules about seminars. When I was young ....

Lesson 21 ▶ イニシアティブの発揮（1）

Proactive Initiative (1)

041

Ben: [1] What's on your mind, Jane?

Jane: Oh, Ben, you wouldn't [2] be interested.

B: So, it's girls' stuff.

J: Oh, no. Gender [3] is not at issue here. I've been asked to manage a certain project. I mean, a big project. **Do you think I have the right stuff for it?**

B: I can't [4] make out if you're really fit for it ... well, I don't know what exactly this "big" project is. But what I can say is it will probably [5] open up new possibilities for you. Hey, remember the debate we had at high school? We were on the same team. I always [6] came off badly in debates, and people on our team were [7] feeling sort of down because they knew I'd [8] pull them down. But you talked to them about the things I was good at, and you coached me, and ... we won! Did you know I almost cried when the cheer [9] went up? You are an excellent communicator. You know how to deal with people. Just do your stuff, and everything will be fine.

○ DIALOG 業務上の相談をする

Translation

業務上の相談をする

ジェーンは、仕事のことで、友人のベンに相談をしています。

ベン：何悩んでるの、ジェーン？

ジェーン：あぁ、ベン、あなたは興味ないわ。

ベン：ってことは、女性ならではの話ってわけか。

ジェーン：あら、そうじゃないわ。今回は性別は問題じゃないのよ。あるプロジェクトのマネジメントをするように言われたのよ。って言うか、大きなプロジェクト。そんな大役を果たせるだけのもの（素質）を、私、持ってるのかな？

ベン：ジェーンがその仕事に本当に合ってるかどうかはわかんないな…いや、その「大きな」プロジェクトってのがはっきりとは何なのか、わかんないからさ。でも、僕が言えることは、その仕事、ジェーンにとって新しい可能性を開いてくれるんじゃないかな。そうだ、高校のときのディベート、覚えてる？ 同じチームだったよね。僕はいつもディベート、ダメだった。チームのヤツらも、僕がチームの足を引っ張るってわかってたから、なんかテンション低かったよね。でもジェーンは、僕が得意なことについてアイツらに話してくれて、僕のコーチもしてくれて…うちのチーム、勝ったよな！ 拍手がわき起こったとき、もう少しで泣きそうだったんだ、知ってた？ ジェーンは最高のコミュニケーション能力の持ち主だ。人との接し方を心得てる。ジェーンが得意なことをやれば、全てうまくいくよ。

Vocabulary

gender	性別、ジェンダー
manage	管理する、運営する
be fit for ~	～に向いている
possibility	可能性
debate	討論、ディベート
badly	ひどく
coach	指導する

Lesson 21
Focus on Idioms

このダイアログで使われている句動詞・イディオムを解説していきます。

❶ be on one's mind　気になる、悩む

What's on your mind?

(何か悩んでいるのですか？)

ここでの mind は気持ちないし神経のことで、本当は自分の気持ちを仕事に集中（keep my mind on work）すべきなのに、心配事など気持ちを引きずるものがずっとあれば、It's constantly on my mind. と表現する。

❷ be interested　興味を持つ

You won't be interested.

(あなたは興味ないでしょう)

本当なら You won't be interested in it.（そんなことにあなたは興味を持たないでしょう）という言い方をするが、会話ではわかりきっている部分は省略されるので、You won't be interested. という言い方になる。

❸ be at issue　問題点である

Gender is not at issue here.

(性別はここでの問題じゃないですよ)

X is at issue で、「X が問題になっている、論点だ」という意味。もっと明確に言いたいなら、「事柄・事項」という意味の matter を補充して、X is the matter at issue. と言える。

❹ make out　理解する　= understand

I can't make out if you're really fit for it.

(あなたがそれに合うかってなると、ちょっとわかりませんね)

「答えを見つけ出す」なら figure out the answer で、「最適の経路を見つける」なら work out the best route であることに示されるよう、out には探り当てる、探し出すというニュアンスがある。これに What time do you make it?（何時だと思う？）に見られる、「計算する、推測する」という意味の動詞 make が組み合わさっている。

❺ open up　（道などが）開けてくる　= rise

It will probably open up new possibilities for you.

(多分新しい可能性をいろいろと開いてくれますよ)

何かが会話の中で話題にのぼったとき It came up in a conversation. と言うが、そこでの「予期しない形で現れる」という意味の up を「開く」という意味の open に付けることで、突如視界が開けるかのように何かが目の前に広がる様子を表している。

❻ come off ~ 　～という結果に終わる　= succeed/fail

I always came off badly in debates.
（論争になるとどうも負けちゃうほうなんですよ）

ここでは badly と組み合わさっているので、不首尾に終わる、ダメだったとわかるが、ディベートでいつも勝っていたなら、well を付けて、She always came off well in debates. と言える。このように何かのプロセスを経た結果を示すのが come off という句動詞。

❼ feel sort of down 　なんかテンションが低い

People on our team were feeling sort of down.
（うちのチーム、なんて言うか、みんな冴えないんです）

feel down で「滅入る、冴えない気持ちになる」ということだが、会話ではあえて曖昧な感じを出し、断定的なもの言いを避けるため、sort of、kind of の類いを挿入する。会話がメッセージ本位と言うより聞き手本位であることのいい例。

❽ pull down ［誰々］　［誰々］の足を引っ張る　= undermine

They knew I'd pull them down.
（みんな、私が足を引っ張ると思っているんです）

句動詞の pull down は drag down（引きずり下ろす）とも言えるくらいで、人の邪魔をすること。ここでは代名詞が使われているくらいで、聞き手も誰のことかわかっているので、そういう「旧情報」のときは、pull と down の間にそれを入れて、pull them down という言い方をする。

❾ go up （歓声などが）沸き起こる　= arise（書き言葉）

Did you know I almost cried when the cheer went up?
（彼らが歓声を上げたとき、私がもう少しで泣きそうだったことを知ってますか？）

大勢の人がいる状況で、一斉に歓声などが沸き起こるときの言い方で、a huge cheer went up（ものすごい歓声が起きた）、a groan went up（うめき声のようなものが漏れてきた）といった感じで使う。

Lesson 21
Focus on Function

あえて曖昧にするためのstuff

Do you think I have the right stuff for it?
そんな大役を果たせるだけのものを、私、持ってますか。

この会話例では何度か stuff が出てきます。この場合の stuff は、一般的には名前のわからないものの総称として使われ、たとえば、

What's all that stuff on the floor?
（床の上にあれやこれやと置いてあるものは何？）

などと言ったりします。

一方、インフォーマルな会話で重宝される言葉でもあります。それが何であるかわかっており、言おうと思えば別のきちんとした言い方があるけれど、あえて stuff を使って気楽な会話という雰囲気を作り出すための演出と言えます。ですから、上司や取引先を交えての、きちんとした席では避けるべき表現です。

上で「言おうと思えば別のきちんとした言い方がある」と述べましたが、会話例の stuff は、以下のとおりきちんとした表現に言い換えることができます。

It's girl's stuff. = It's girls' business.
（女性にしかわからない話）

Do you think I have the right stuff?＝Do you think I have the right qualities?
（しかるべき資質を私が備えているとお考えでしょうか）

Just do your stuff.＝Just do what you're supposed to do.
（自分がやるべきことをやりたまえ）

　この stuff という単語は類義語の thing/things と同じくらいよく使います。
実際、上の 3 例は、right stuff を除いて、入れ替えて使うことができるくらい
です。ただ、thing のほうがニュートラルなので、

The most important thing for us is to understand your needs.
(私どもにとって一番大事なのは、御社のニーズを理解することです)

とは言えても、親しい間同士でない限り、ここでの thing を stuff で置き換え
ることはできません。

Chapter 3　社内でのコミュニケーション

More Tips

名詞 stuff は「資質」という意味で使う以外はすべてインフォーマ
ルな言い方なので、取り扱い注意と言えます。したがって、stuff
という単語に慣れて、あえてインフォーマル感を出す演出の道具と
して使いこなすためには、本文で紹介した「きちんとした言い換え」
を知っておく必要があります。この点、危ないなと思える場面では、
thing を抜け道として利用するのも一つの方法です。

Lesson 22 ▶ イニシアティブの発揮（2）

Proactive Initiatives (2)

043

Ally: Tom, how did the meeting go? What did the higher-ups say?

Tom: It [1] **went off badly**. Very, very badly.

A: Tom, [2] **pull up** that chair and sit down. Want some coffee? [Sounding British] Or, [3] **would you care for** a cup of tea? Do you fancy some biscuits? Joe has just [4] **brought them back** from England. They're awfully good. Ha ha, so ... what did they say?

T: They said it's [5] **no good**.

A: You mean your plan or the way you presented?

T: Both, I presume.

A: No chance! The plan is good. Incredibly good. Any fool can see that. Tom, what exactly did they say? Was "no good" their exact wording?

T: Um ... no, they said, "I think the idea is fine. But [6] **as for** your presentation ... [7] **I believe** you have to do something about it." They don't like the way I talk!

A: Tom. They're asking you to [8] **brush up** on your presentation. You know why? Because they know you can do it. [9] **Believe me.** You can [10] **bring out the best in you**.

Translation

会議を終えて

会議を終えてどことなく元気のない、悲観主義のトムに、いつも人を励ますタイプの上司のアリーが軽い感じで話しかけます。

アリー：トム、会議はどうだった？　お偉方は何て言ってた？

トム：うまく行きませんでしたよ。最悪です。

アリー：トム、そこの椅子持ってきて、すわって。コーヒーいる？ ［イギリス英語のような発音で］それとも、紅茶を一杯、いかがでしょうか？ビスケットはいかが？（注：fancy をこのように使うのは主にイギリス英語）ジョーがイングランドからお土産に持ってきてくれたところなの。すっごいおいしいわよ。ハハハ、それで、と…お偉方、何だって？

トム：全然ダメだって言われました。

アリー：トムのプランが？　それとも、プレゼンのこと？

トム：両方だと思います。

アリー：そんなの、あり得ないわ！　プランは素晴らしいの。とてつもなく素晴らしいのよ。どんなバカだってわかるわ、それぐらい。トム、お偉いさんは正確には何て言ったの？ 「全然ダメ」って、本当にそういう言い方したの？

トム：えーっと…いいえ、言われたのは、「アイデアはいいんだよ。でも、君のプレゼンに関してはねえ…どうにかしてもらう必要がありそうだな」です。僕の話し方が気に入らないんだ！

アリー：トム。あの人たちはね、あなたに、プレゼンをもっと良くしてほしい、って言ってるのよ。なぜだと思う？　あなたならできるって、確信しているからよ。私の言うこと、信じて。あなたなら、自分の良いところを自分で引き出すことができるわ。

Vocabulary

higher-up　お偉方、上役
Do you fancy ~?　〜はいかがですか？ ＊fancy「好む」
biscuit　（イギリス英語で）クッキー
awfully　とても、すごく
present　プレゼンする
incredibly　すごく、信じられないほど
wording　言い回し、言葉遣い

163

Lesson 22
Focus on Idioms

このダイアログで使われている句動詞・イディオムを解説していきます。

❶ go off badly　うまく行かない

It went off badly.

（うまく行かなかったんです）

go badly だけでも「うまく行かない」という意味になるが、「終了する、終わらせる」の finish に off を付けて、結末感、完了感を強調するのと同じで、go off badly にすると、「そういう結末になる」というニュアンスが強まる。

❷ pull up　引き寄せる　= grab

Pull up that chair and sit down.

（その椅子持ってきて、おかけなさい）

「そうしたら今度はそいつがこっちに近付いてきて」という言い方に見られる、「自分の近くに」という意味の up を「引く」pull と組み合わせた句動詞。

❸ Would you care for [何々]?　[何々] はいかが？

Would you care for a cup of tea?

（紅茶を一杯、いかが？）

Would you like [何々]? を一段と丁寧にした言い方。モノを対象に言うときは for を使うが、Would you care to hold?（[電話口で] 少々お待ちいただけますか）のように、行為が対象のときは、to do [何々] というパターン。

❹ bring back [何々]　[何々] を持ち帰ってくる

Joe has just brought them back from England.

（ジョーがイギリスから持って帰ってきたんです）

ここでは、一度話に出た biscuits のこと（旧情報）なので、brought back them ではなく、brought them back と、動詞と副詞の間に them を入れている。このように句動詞では、〈動詞+旧情報+副詞〉または〈動詞+副詞+新情報〉というふうに並び順が決まっている。

❺ no good　無駄、役立たず

They said it's no good.

（全然ダメだって言われました）

インフォーマルな言い方での「役立たず」、つまり worthless ということ。似ている表現の"not good" は、売上目標に達しなかったけれど、予想していたほどには悪くなかったという場合に、That's not good, but it's better than what we expected.（そりゃ残念。でも、予想していたほどには悪くないじゃない）というふうに、「期待外れ、残念」という感じで使う。

❻ as for [何々]　[何々] について

As for your presentation ... I believe you have to do something about it.

（あなたのプレゼンなのですが、何かしたほうがいいと思いますよ）

先行している話に絡めて話題を変えるときの常套句で、類似表現の as to が I'm at a loss as to how to deal with this. （この件をどう処理するかとなると、まるで見当もつかない）のように文中でも使えるのと対照的に、as for はたいてい文頭に置く。

❼ I believe ...　…だと思う

I believe you have to do something about it.

（何かしたほうがいいと思いますよ）

どうかすると I think ばかり多用しがちなので、I believe、I suppose、I guess といったバリエーションを用意しておいたほうが楽になる。

❽ brush up on [何々]　[何々] を改善する　= improve

They're asking you to brush up on your presentation.

（彼らが求めているのは、あなたのプレゼンを良くすることです）

「磨きをかける」に相当する句動詞が brush up で、前置詞 on は対象を示している。

❾ Believe me.　信じてほしい、信じろ

Believe me.

（まあ、信じなさいって）

話し言葉で、何かを言う前、あるいは言ってから「信じなさいって」というニュアンスで入れるフレーズ。バリエーションの Believe you me. だともっとインフォーマルな感じになる。

❿ bring out the best in [誰々]　[誰々] のベストを引き出す　= reveal

You can bring out the best in you.

（自分のベストを引き出せますよ）

文字どおり、何かの最善の部分（the best）を引き出す（bring out）という意味。

Lesson 22

Focus on Function

「そうかもなあ、そんなはずないさ」を上手に使う

Both, I presume.
両方だと思います。

インターラクション（話し言葉でのやり取り）では、ひとまず相手の言ったことに対する自分なりのリアクションを表明し、次いで、相手の言ったことについて、もっと実質に踏み込んだことを言うのが通常の手順です。

したがって、相手が言ったことに対して即座に「そうなんだろうなあ」または「そんなはずはないでしょう」と言えるだけの在庫がないと会話がテンポよく運びません。会話例に出てくる、Both, I presume.（両方だと思います）などはその典型です。和訳すると「と思います」くらいにしかなりませんが、この presume は何かしら根拠があって「そうかもしれません、そうでしょうね」というニュアンスで使う単語です。似たような意味で、つまり、「そうかもしれませんね」という意味では、話し言葉では、以下の言い方を使えます。

I suppose so.
Perhaps.

強いて言えば、Perhaps は、なんだか自信なさげな感じがします。反対に、「そんなはずはない」と言いたいときは、会話例にある、

No chance.
（そんな可能性はない＝そんなのあり得ない、それはないでしょう）

などを一つの典型的なリアクションとして使えます。
バリエーションとしては、以下のようなものがあります。

Not a chance.
That's not possible.
It's unlikely.

　両者の中間的な言い方、つまり「そりゃないでしょ」とまで言い切れないけれど、かと言って納得できない気持ちを表すには以下のような言い方があります（「すみませんけど」という気持ちを表す I'm afraid を入れるかは任意です）。

I'm afraid I can't say I'm a hundred percent sure about that.
(その点、100 パーセントの確信を持っているとまでは言えません)

I can't just bring myself to believe that.(どうも信じる気持ちになれません)

I don't quite get the idea.(どうもお話がぴんと来ません)

I still have some doubt.(何か疑問が残ります)

More Tips

普通、presume と assume は区別されずに使われますが、書き言葉では注意して区別したほうがいいとされます。たとえば、「自分たちの指示が守られると思った」と書きたい場合、We assumed/presumed our instructions would be followed. と選べますが、格別根拠がなく、ただ、そう思ったのであれば assume を使い、何かしら根拠があり、十中八九守られると信じていたのであれば presume を使います。

DIALOG 音声を聴き取ろう

041

Ben: What's o_ y___ m___, Jane?

Jane: Oh, Ben, you wouldn't b_ i_____.

B: S_, it's g___'s___.

J: Oh, no. Gender is not a_ i____ here. I've been asked to manage a certain project. I mean, a big project. D_ y__ t____ I h___ t__ r___ s___ f_ i_?

B: I can't m___ o__ if you're really fit for it ... well, I don't know what exactly this "big" project is. But what I can say is it will probably o____ u_ new possibilities for you. Hey, remember the debate we had at high school? We were on the same team. I always c____ o_ badly in debates, and people on our team were f_____ sort of d____ because they knew I'd p__ t____ d____. But you talked to them about the things I was good at, and you coached me, and ... we won! Did you know I almost cried when the cheer w___ u_? You are an excellent communicator. You know how to deal with people. Just do your stuff, and everything will be fine.

DIALOG　音声を聴き取ろう　043

Ally: Tom, how did the meeting go? What did the higher-ups say?

Tom: It w___ o_ badly. Very, very badly.

A: Tom, p__ u_ that chair and sit down. Want some coffee? [Sounding British] Or, w____ y__ c___ f__ a cup of tea? Do you fancy some biscuits? Joe has just b_____ t____ b___ from England. They're awfully good. Ha ha, so … what did they say?

T: They said it's n_ g___.

A: You mean your plan or the way you presented?

T: B___, I p_____.

A: No chance! The plan is good. Incredibly good. Any fool can see that. Tom, what exactly did they say? Was "no good" their exact wording?

T: Um … no, they said, "I think the idea is fine. But a_ f__ your presentation … I b_____ you have to do something about it." They don't like the way I talk!

A: Tom. They're asking you to b____ u_ on your presentation. You know why? Because they know you can do it. B_____ m_. You can b____ o__ the b__ i_ y__.

169

Lesson 23 ▶ 組織内での情報伝達（**1**）

Communicating within the Organization (1)

Kate: Oh, great. Another meeting. Sometimes I feel like I ¹ get paid for ² nothing but attending meetings.

Ben: You're talking about the meeting with the big boss?

K: What else could it be? Yes, the long-awaited occasion! Something we can never ³ live without. Oh, I'm ⁴ thrilled to bits.

B: Didn't you know it's been ⁵ put back to **next month?**

K: Oh … when did they decide that? Why didn't they ⁶ pass it on to me?

B: The boss got personnel to send an e-mail about it to everyone last week.

K: ³ Let me tell you something. I get so many e-mails every day that I have a sorting system. I put them into three folders. Here, I'll ⁴ read out the folders' names to you: Do today; Do this week; Do sometime.

B: And how do you decide which folder to put new e-mails in?

K: Uh, those marked "urgent" I do today. Those from bosses I do this week. And all the rest go into "Do sometime."

B: Your system seems to have ⁵ broken down, doesn't it?

DIALOG 業務上の連絡をする

Translation

業務上の連絡をする

ケイトが、同僚のベンと会議について話しています。

ケイト：あー、最高。また会議だわ。他の仕事はさておき、会議に出ることでお給料もらってんじゃないかしら、って時々思うぐらい。

ベン：部長［* big boss は直属の上司よりもさらに上の上司、を意味する］との会議のこと、言ってるの？

ケイト：他に何があり得るって言うのよ？　そう、待ちに待った機会！　それなしには生きていけないもの。あー、めちゃくちゃワクワクするー。

ベン：その会議、来月まで延期になったって知らなかったの？

ケイト：へ…いつそんなこと、決めたのよ？　なんで私には教えてくれなかったのかしら？

ベン：部長が先週、人事に頼んでそのことをみんなにメールしたよ。

ケイト：一つ教えてあげる。私は毎日たくさんのメールを受け取るから、分類の仕方を決めているの。3つのフォルダに分けててね。フォルダの名前を読み上げてあげるわ：今日やること、今週やること、いつかやること。

ベン：新しいメールをどのフォルダに入れるかはどうやって決めるの？

ケイト：えーと、「緊急」と書いてあるものは今日やる。上司からのメールは今週中に。残りは「いつかやる」に入れるわ。

ベン：君のシステムは壊れてしまったみたいだね。

Vocabulary

attend　出席する
big boss　上司のそのまた上司
long-awaited　待望の、長く待ち望んだ
bulletin board　掲示板
gracious　上品な、優雅な
lower-rank　下位の人、階級の低い人
online　インターネットの

Chapter 3　社内でのコミュニケーション

Lesson 23
Focus on Idioms

このダイアログで使われている句動詞・イディオムを解説していきます。

❶ get paid for ［何々］ ［何々］で給料をもらう

I feel like I **get paid for** nothing but attending meetings.
（会議に出てさえいれば給料がもらえるって、そんなふうに感じるときがあります）

普通、〈pay for ［何々］〉で、「［何々］の対価を払う」という意味だが、ここでは get と組み合わせての受動態で使われている。ポイントは、最後の前置詞 for を忘れずに付けること。

❷ nothing but ［何々］ もっぱら［何々］のみ

I feel like I get paid for **nothing but** attending meetings.
（会議に出てさえいれば給料がもらえるって、そんなふうに感じるときがあります）

Our dog eats nothing but dog food. なら、うちの犬はドッグフードしか食べないということで、ここでの nothing but は only と読み替えることができる。

❸ live without ［何々］ ［何々］なしで済ます

something we can never **live without**
（それなしにじゃ生きていけないもの）

ここでは否定文なので「それなしでは済まない、生きていけない」という意味だが、肯定文ではよく simply と一緒にして、If there isn't any tea, we must simply live without it.（お茶が切れたということなら、なしで済ます他ないでしょう）のように使う。

❹ be thrilled to bits めちゃくちゃワクワクする

I'm **thrilled to bits**.
（全身ワクワクする）

ここでの to bits はインフォーマルな very much なので、I love you to bits.（めちゃくちゃ好きだよ）という形でも使える。

❺ put back 延期する

Didn't you know it's been **put back** to next month?
（［その会議］来月まで延期になったって知らなかったの?）

アメリカ英語なら push back を使うところ、ここはイギリス英語で put back と言っている。back は予定の時期よりさらに「向こう側」という意味。この他、put off も使える。

❻ pass [何々] **on to** [誰々]　[何々]（情報）を [誰々] に伝える　= forward

Why didn't they **pass** it **on to** me?

（どうしてそのこと教えてくれなかったのでしょう？）

Let's leave it at that and move on.（その件はそのぐらいにして、次に移りましょう）と言うときの on と同様、「次へと移る、渡す」というニュアンスの on を、「伝える、引き渡す」という意味の pass と組み合わせたもの。

❼ Let me tell you something.　一つ教えてあげようか

Let me tell you something.

（一つ教えてあげましょうか）

I'll tell you what. という言い方もできるが、「君、知らないようだから教えといてあげるけどね」というニュアンスの言い回し。何のことかまで言いたいなら前置詞 about を入れて、Let me tell you something about this bulletin board. という言い方をする。

❽ read out　読み上げる、（人のために）何が書いてあるかを言う

I'll **read out** the folders' names to you.

（フォルダ名を読み上げてあげる）

器械が音や光を発するのを send out と言うのと同じで、外部に表現するというニュアンスの out を読む read にくっ付けたもの。一般に、Shall I read it out to you?（読み上げましょうか）のように、自分のためと言うより人のためにするのが read out。

❾ break down　壊れる、故障する

Your system seems to have **broken down**, doesn't it?

（あなたのシステムは壊れてしまったみたいですね）

壊れるという意味の break に、「ダメになる、故障する」というニュアンスの down を付けたもの。このニュアンスの down は、Our network has gone down again.（またうちのネットワークがダウンだよ）でも見られる。

Lesson 23
Focus on Function

予定の日を延期する、前倒しにする

Didn't you know it's been put back to next month?
［その会議］来月に延期になったって知らなかったの？

　普段の生活でもビジネスでもあらかじめ決めておいた日を、何かの都合で延期したり、前倒しにしたりすることはよくあります。

　そこで、当然、英語でもこのことをぱっと表現できないと困ります。一番簡単で使い手があるのは（やや響きが硬い感じであるものの）reschedule です。

John, it's about the sales meeting.
（ジョン、営業会議の件だけれど）

と切り出した上、前倒しにして、もっと早い日にしたいなら、こう言います。（以下の例では、時刻の話にしたいなら、date を time に置き換えるだけです）

Can we reschedule it for an earlier date?

延期したいなら、こうです。

Can we reschedule it for a later date?

とにかく、別の日（時）にしたいなら、こうなります。

Can we reschedule it for another date (time)?

また、特定の日、たとえば 7 月 8 日に変更したいなら、こういう言い方です。

Can we reschedule it for July 8?

この場合、4 時に変更したいなら、日にちの部分を変えるだけです。

Can we reschedule it for 4 p.m.?
（4 時に変更できますか？）

　この他、もっと気楽な言い方をしたいなら、延期に put off、前倒しに
move up を使って、以下のような言い方をすることができます。

Can we move up the meeting to 8 a.m.?
（会議を早めて、8 時にできないかな？）
Can we put off the meeting to April 24?
（会議を延期して、4 月 24 日に変えられないかな？）

　なお句動詞の使い方として一つの重要なポイントですが、既に話に出てい
る、つまり既知の事項である場合は、その句動詞が分離できるタイプである限
り（辞典で確認する必要があります）、

Can we put the meeting off to 5 p.m.?
（会議、5 時に繰り下げられないかな？）

というふうに、動詞と副詞の間に目的語を持ってきます。当然、こういった場
合は、代名詞で言い換えることができるわけで、その場合は、必ず、

Can we put it off to 5 p.m.?

というふうにする必要があり、

× Can we put off it to 5 p.m.?

という言い方をすることはできません。

Lesson 24 ▶ 組織内での情報伝達（2）

Communicating within the Organization (2)

047

Amy: Ian, Mike wants to see you. He's now having a meeting, but I think he'll be done in an hour. Oh, by the way, have you heard? ABC is closing its offices here and [1] pulling out of the market.

Ian: Is it one of your "top-secret" news flashes ... I mean, has it just [2] come through or has it [3] been around for a while?

A: What's that question for?

I: Uh, Amy, I must say [4] it's bad manners to respond to a question not with an answer but with another question. Well ... I know. It can't be helped. [5] You're dying to learn more about me. That's why you've [6] given in to the temptation to break the rules. Otherwise a sophisticated lady like you wouldn't make such a blunder. But ... in any circumstances, [7] first and foremost, you need to respect the person you're speaking to.

A: Ian, why are you always [8] laying down the law?

I: Ah, you're doing it again! Yet another question.

A: [9] In effect, I gave you a question first. I started the conversation by asking you this question, "Have you heard?" [10] According to your rules, you're under an obligation to give an answer first. Am I not right?

DIALOG 社内での情報伝達

Translation

社内での情報伝達

気の強いエイミーとレディーキラーと思っているイアンが社内の情報を交換しています。

エイミー：イアン、マイクが会って話したいって。彼、今ミーティング中だけど、1時間で終わるんじゃないかな。ところで、聞いた？　ABC が国内のオフィスをクローズして、市場から撤退するって話。

イアン：それって、エイミーのいつもの「極秘ニュース」ってやつかな…いや、今到着したばかりのニュースなのか、それとも、結構前から言われてることなのか？

エイミー：なんでそんなこと聞くわけ？

イアン：あー、エイミー、質問に答えではなく、質問で返すのは不作法と言わざるを得ないねえ。まあ…わかるよ。仕方ないんだ。僕のことをもっと知りたくてしょうがないんだろ。だから、ルール違反を犯すという誘惑に負けてしまったんだね。でなきゃ、君のように洗練された女性がそんな間違いを犯すわけがないもの。しかし…どのような事情にせよ、何よりもまず、話している相手を尊重しなければいけないな。

エイミー：イアン、なんでいつもそうやって頭ごなしに命令するわけ？

イアン：あー、またやってしまったね！　さらなる質問。

エイミー：実際はね、私が先に質問したのよ。「聞いた？」っていう質問から私、この会話を始めたでしょ。あなたのルールによると、答えを最初に言うべき義務があるのは、あなたよ。私、間違ってるかしら？

Vocabulary

be done　終える
~ can't be helped　～はどうすることもできない、仕方ない
temptation　誘惑
otherwise　そうでなければ
blunder　重大なミス、大間違い
circumstance　状況、環境
be under an obligation to ~　～する義務がある

Lesson 24

Focus on Idioms

048

このダイアログで使われている句動詞・イディオムを解説していきます。

❶ pull out of [何々] [何々] から撤退する 　=withdraw

ABC is closing its offices here and **pulling out of** the market.
（ABC が事務所を閉鎖して、この市場から撤退するってさ）

お店の品が売り切れになった場合、We're sold out of [何々] . という言い方をするが、そこでの out は「おしまいになる」というニュアンス。この out を使って、「引き『揚げる』」という意味合いの句動詞になっているのが pull out of [何々]。なお、一語動詞のwithdraw を使うときは、セットで使う前置詞が from となり、withdraw from the market という言い方になる。

❷ come through （ニュースなどが）伝わってくる 　=receive

Has it just **come through** or has it been around for a while?
（その話、今聞いたの、それともしばらくうわさになっていたのかなあ）

一言で言えば receive だが、「こちらに向かっている」ことがわかる come に、put someone through （[誰々] への電話を取り次ぐ）での through という、「無事伝わる」というニュアンスのものを組み合わせることで、ニュースなどがこちらに伝わる様子がビビッドに表現されている。

❸ be around （うわさやニュースが）出回っている

Has it **been around** for a while?
（しばらく前から話に出ていたのかなあ）

「[誰々]、どこかで見た ?」と聞かれた場合、「そのあたりにいるはずだけれど」と答える場合、He's around somewhere. （どこかそのあたりにいるけれど）と言うことからわかるように、be around で、「いる」+「そのあたりに」という意味になる。

❹ it's bad manners to do [何々] [何々] するのは不作法だ、行儀が悪い

I must say **it's bad manners to** respond to a question not with an answer but with another question.
（質問に対して答えじゃなくて、また質問で返すというのは、不作法としか言いようがない）

ポイントは 2 つ。manners は必ず複数形であること。もう 1 つは、to 不定詞で、「何が」行儀が悪いとされているのかを示すこと。

❺ be dying to do [何々] [何々] したくてしょうがない

You're **dying to** learn more about me.
（僕のこと、もっと知りたくてしょうがないんだろ）

このイディオムは常に進行形で使うので、〈I die to do [何々]〉とは言わず、〈I'm dying to do [何々]〉というふうに言う。過去形も、「彼女は彼に会いたくてしかたがなかった」は、She died to meet him. ではなく、She was dying to meet him. になる。

178

❻ give in to ［何々］ ［何々］（という誘惑や感情）に**負ける**

= succumb to（フォーマル）

That's why you've **given in to** the temptation to break the rules.
（だから、ルール違反をしたいっていう誘惑に負けちゃったんだよな）

天井が持ちこたえられずに崩落するのは cave in、扉を蹴って開けるのは kick in と、in には「耐えかねる、持ちこたえられない」というニュアンスがあり、これが give up（降参する）での動詞 give と組み合わさっている。

❼ first and foremost 何よりもまず、一番に = above all

In any circumstances, **first and foremost**, you need to respect the person you're speaking to.
（なんであれ、一番大事なのは、自分が話している相手を尊重すること）

定型句なので、常に短いほうの first から先に言う。つまり foremost and first という言い方はない。このイディオムは above all と言っても同じ。

❽ lay down the law （頭ごなしに）**決め付ける**

Why are you always **laying down the law**?
（どうしてそうやってルールを自分で決めるの？）

直訳すれば「法律を制定する」であり、そこから人の気持ちや意向にお構いなく、一方的にあれこれ命じることを言う

❾ in effect 実際は

In effect, I gave you a question first.
（実際のところ、先に質問したのはこっちですよ）

ここでは、「実際のところ」という意味の actually と同じように使われているが、The controversial rule is still in effect.（その議論のあるルールは今でも効力を有している）のように、「効力を有する」（be effective）という意味でも使われる。ただ、「実際は」という意味で使うときは、常に何か言い始める前に入れるのに対して、「効力を有する」という意味で使うときは be 動詞の後に入れる。

❿ according to ［何々］ ［何々］**によると**

According to your rules, you're under an obligation to give an answer first.
（そっちのルールにしたがえばさ、そっちが先に返事する義務があるんじゃないの？）

ここでは「［何々］が言うところによると」という意味で使われており、たとえば、According to my Arabic dictionary, "XXX" means ...（私のアラビア語辞典によると、XXX の意味は…）というふうにも使える。

Lesson 24
Focus on Function

> **会話では前置詞を文末に持ってくる**
>
> ### What's that question for?
> どうしてそんなこと聞くの？

　古い、保守的な文法書では、しきりに文末に前置詞を持ってくるなと言います。たとえば、「なんでそんなこと聞くわけ」とダイアログで使われているフレーズを文書に盛り込むのであれば、

For what is that question?

というふうに、前置詞を疑問詞の前に入れる格好で文頭に出すことになります。

　しかし、こういう流儀を話し言葉に持ち込むと相手に強い違和感を与えます。そのくらい不自然なことです。したがって、会話例にあるとおり、

What's that question for?

が普通です。これは普段の E メールでも同じことが言えます。このダイアログでは、もう一つ、

You need to respect the person you're speaking to.
（話している相手を尊重しなければならない）

というフレーズが出てきます。ここでは person の直後の who が省略されているのでわかりにくいのですが、これも、会話での前置詞の扱いについて「関係代名詞が前置詞の目的語となっているときは、前置詞は文末に回す」というルールがあり、それが適用されている例です。

　関係代名詞絡みでも同種のルールがあります。以下では、いずれも、that という関係代名詞が前置詞の目的語となっており、そのため、前置詞が最後に回されています。

This is the healthy food item that I told you about.
(これが話していた健康食品だよ)

この場合、書き言葉のルールにこだわれば、

This is the healthy food item about which I told.

となりますが、これを話し言葉で使うといかにも書面を読み上げているような妙な感じを相手に与えてしまいます。

　以上の質問の場合と関係代名詞からみの場合に加えて、あと 2 つ、重要なパターンがあります。1 つは、受動態の場合、前置詞をセットで使う動詞から離さず、結果的に前置詞を最後に回すというパターンです。たとえば、

It doesn't matter whether it's good or bad. She simply likes being gossiped about.
(内容の良しあしは無関係だ。ともかく彼女は自分がうわさ話の対象になるのがうれしいのだ)

　もう 1 つは、以下のように、前置詞が不定詞句の一部となっているときで、こういうときも前置詞を最後に持ってきます。

It's a great/terrible company to work for.
(働くのに良い／ひどい会社だよ)

　以上の 4 つのパターン、すなわち前置詞の入っているセンテンスが疑問文であるとき、関係代名詞が関わっているとき、受動態にするとき、そして、不定詞句がらみのときは前置詞を文末に回す、というパターンを覚えて実践できれば、ひとまず十分です。

Chapter 3 社内でのコミュニケーション

DIALOG 音声を聴き取ろう

045

Kate: Oh, great. Another meeting. Sometimes I feel like I g_ p___ f_ n_____ b_ attending meetings.

Ben: You're talking about the meeting with the big boss?

K: What else could it be? Yes, the long-awaited occasion! Something we can never l__ w_____. Oh, I'm t_____ t_ b__.

B: D____ y_ k___ i_ b__ p_ b___ to n__ m____?

K: Oh ... when did they decide that? Why didn't they p___ it o_ t_ me?

B: The boss got personnel to send an e-mail about it to everyone last week.

K: L_ m_ t_ y__ s_____. I get so many e-mails every day that I have a sorting system. I put them into three folders. Here, I'll r___ o__ the folders' names to you: Do today; Do this week; Do sometime.

B: And how do you decide which folder to put new e-mails in?

K: Uh, those marked "urgent" I do today. Those from bosses I do this week. And all the rest go into "Do sometime."

B: Your system seems to have b_____ d____, doesn't it?

DIALOG 音声を聴き取ろう

047

Amy: Ian, Mike wants to see you. He's now having a meeting, but I think he'll be done in an hour. Oh, by the way, have you heard? ABC is closing its offices here and p_____ o__ o_ the market.

Ian: Is it one of your "top-secret" news flashes ... I mean, has it just c____ t_____ or has it b___ a_____ for a while?

A: W____ t__ q_____ f__?

I: Uh, Amy, I must say i__ b__ m_____ t_ respond to a question not with an answer but with another question. Well ... I know. It can't be helped. You're d____ t_ learn more about me. That's why you've g____ i_ t_ the temptation to break the rules. Otherwise a sophisticated lady like you wouldn't make such a blunder. But ... in any circumstances, f___ a__ f_____, you need to respect the person you're speaking to.

A: Ian, why are you always l_____ d____ t__ l__?

I: Ah, you're doing it again! Yet another question.

A: I_ e____, I gave you a question first. I started the conversation by asking you this question, "Have you heard?" A_____ t_ your rules, you're under an obligation to give an answer first. Am I not right?

Lesson 25 ▶ リスク管理（**1**）

Risk Management (1)

049

Ruth: Simon, Kate is [1] in charge of the next conference, isn't she? [Silence] Simon? Simon! Hello, there!

Simon: Oh, Ruth. You're sometimes too loud.

R: I'm glad you're listening. You look sleepy.

S: I am. I [2] stayed up all night watching the Olympics.

R: Oh, not again. Some time ago, you [3] were up late watching … what was it … the World Cup?

S: Premier League, Ruth. The World Cup won't [4] come around for another two years.

R: Ugh, sports fanatics [5] turn me off. You remind me of my ex-husband. Oh … yes, about Kate. Don't you think we should have someone to back her up for the conference, I mean, [6] in the event of emergency?

S: [7] How do you mean?

R: Kate is a single mom with small children. And if one of them should get ill during the conference, like having a temperature, I want her to be with them. Having a sub is risk management. You might not like the idea, but I [8] used to be like her, you know. I don't want her to [9] feel torn between work and home like I did. She is a mom. We've got to face the fact.

DIALOG リスク管理について（1）

Translation

リスク管理について（1）

男性社員にいつも辛口なマネジャー、ルース・マーティンが、同僚のサイモン・スターに女性の仕事と家庭の両立について話をしています。

ルース：サイモン、ケイトが次の会議の責任者よね？ ［沈黙］サイモン？ サイモン！ もしもし、ねえ！

サイモン：あー、ルース。時々、声大き過ぎ。

ルース：聞いてたのね、良かった。眠そうだこと。

サイモン：眠いよ。オリンピックを見て、徹夜したから。

ルース：ちょっと、またやらかしたの。いつだったか、ほら、何だっけ…ワールドカップだっけ、見て夜更かししたでしょ。

サイモン：プレミアリーグ［イギリスのサッカー］だよ、ルース。ワールドカップはあと 2 年は、やんないから。

ルース：うー、スポーツ狂ってやんなる。別れた夫のこと思い出しちゃうじゃない。あ…そう、ケイトのこと。会議のとき、彼女をサポートする人を付けたほうがいいと思わない？ 緊急事態のためって言うか。

サイモン：どういうこと？

ルース：ケイトはシングルマザーで、子どもがまだ小さいでしょ。子どもの 1 人が会議中に病気にでもなろうものなら、たとえば熱出しちゃったりとかね、ケイトには、子どもたちと一緒にいてもらいたいのよ。サブを立てるのは、リスクマネジメントってわけ。サイモンは反対するかもしれないけど、私も昔、彼女と同じ立場だったからさぁ。ケイトには、私がそうだったみたいに、仕事と家庭との間で引き裂かれるような思いをしてほしくないのよ。彼女はママなの。その事実を認めなきゃ。

Vocabulary

conference　会議
Not again.　またなの？いいかげんにして。
fanatic　熱狂的ファン
ex-husband　元夫　＊ex-「元〜」
back up　支援する
have a temperature　熱がある 2
sub　代理の人、サブ

Lesson 25
Focus on Idioms

このダイアログで使われている句動詞・イディオムを解説していきます。

❶ in charge of [何々] [何々] を仕切っている、[何々] の責任者だ

Kate is **in charge of** the next conference, isn't she?

（次の会議の責任者、ケイトだよね、違う？）

これがニュートラルな言い方で、もっと改まった感じにしたいなら、be responsible for で、逆にインフォーマルにしたいなら、be taking care of を使える。

❷ stay up （寝ずに）起きている、徹夜する ＝ be awake

I **stayed up** all night watching the Olympics.

（一晩中起きて、オリンピックを見ていたんだ）

横にならない状態（up）を維持する（stay）ので、床に就かず、起きて活動していることを意味する。

❸ be up 起きている、夜更かしする

Some time ago, you **were up** late watching the World Cup.

（ずいぶん前だけど、ワールドカップ見ながら夜更かししてたんじゃないの？）

「ゆうべは遅くまで起きていてね」なら I was up late last night.「ゆうべは徹夜だった」なら stay up での用例同様、I was up all night. という言い方をし、テレビや DVD を見ていたならその後に watching 何々を続ける。

❹ come around （イベントなどが）行われる ＝ recur

The World Cup won't **come around** for another two years.

（ワールドカップは、あと 2 年はないんです）

副詞 around の基本的な意味合いは「周回」であるだけに、そういうものが到来（come）となると、定期的に繰り返されるものとわかる。実際、When the new fiscal year comes around in April?（4 月に新年度が始まるときに）というふうに使われる。一語動詞を当てれば recur だが、普通、His cancer has recurred.（彼はガンが再発した）のように、「再発」という意味で使うのが一般的。

❺ [何々] **turn me off** [何々] にはうんざりさせられる

Sports fanatics **turn me off**. （スポーツ狂ってのはどうもシラケるんだよね）

このような「打ち切る」ニュアンスの off は、コンピューターを終了するときの log off でも見られる。me は常に turn と off の間に入れて使う。一語動詞で相当するものはないが、Sports fanatics make me bored.（スポーツ狂には辟易する）というふうに言える。

❻ in the event of [何々] [何々] の場合

Don't you think we should have someone to back her up for the conference **in the event of** emergency?

（会議のとき、彼女をサポートする人を付けたほうがいいんじゃないの？ 緊急事態のためって言うか）

Lesson 25
リスク管理（1）

この定型句は、in the event that an emergency occurs（緊急事態発生の場合は）と
いうふうに、フルセンテンスが続く that 節を入れて使うこともでき、応用範囲が広い。

---

❼ How do you mean?　どういうこと？

How do you mean?（どういう意味で言っているの？）

似ている表現に What do you mean? がある。What do you mean? は、一般に、相
手の言っていることがすぐには飲み込めないようなとき、「意味がわからないので、言い直
してください」という感じの言い方であるのに対して、How do you mean? だと、Tell me
more, in what particular way?「もっと詳しく聞かせてください、具体的にはどういうこと
でしょうか」と水を向ける感じになる。後者のほうがフレンドリーなので、What do you
mean? ではなく、How do you mean? を使うほうが話の腰を折らずにすむ。

---

❽ used to be［何々］ ［何々］であるのが普通だった、以前はそうだった

You might not like the idea, but I used to be like her.
（そう言うと抵抗を感じるかもしれないけど、昔は、彼女と同じような立場だったんだ）

「今は違うかもしれないけれど、以前はこうだった」と言いたい場合、to に続けるのは動詞
の原形（辞書の見出し語の格好）。be 動詞だとわかりにくいが、一般動詞の like であれば、
I used to like her a lot.（以前は彼女のことがすごく好きだった）というふうに使い、I
used liking her a lot. などとしないよう注意を要する。

---

❾ feel torn between X and Y
Ｘ と Ｙ の板挟みになる、Ｘ と Ｙ の間で両立に苦しむ

I don't want her to feel torn between work and home like I did.
（自分がそうだっただけに、彼女が家庭と仕事の間で板挟みになるようなの避けたいんです）

動詞 tear は「引き裂く」という意味であり、そこから、Ｘ と Ｙ のはざまで「引き裂かれる
思いの選択を強いられる」ときに、このイディオムを用いる。

More Tips

名詞が単数なら one other を意味する another を使います。たとえば、
She has another reason for not dating you.（彼女が君とのデー
トに応じない理由はもう一つある）。名詞が複数なら more を意味する
other を使い、She has other reasons for not dating you.（彼女
が君とのデートに応じない理由は他にもいろいろある）となります。
ところが、日数や年数などを複数入れるときは、〈another ＋数＋名詞〉
というパターンになります。そこで、名詞は複数ながら、other two
years ではなく、another two years という言い方をします。
ここでは年数ですが、日や週単位でも使え、病院で「2 日後／ 2 週間
後に予約を入れてください」と言われるような場合は、Can you come
in for an appointment in another two days/weeks? となります。

Chapter 3　社内でのコミュニケーション

187

Lesson 25
Focus on Function

> **I stayed up all night to watch the Olympics.と**
> **I stayed up all night watching the Olympics.**
> **とでは何が違うのか**

この stayed up ... to watch と stayed up ... watching は、受験英語の世界で有名な「to stop to smoke 対 to stop smoking」のセットとは話が違います。後者は start, stop といった「始まる、終える」という動詞に固有の使い分けだからです。

まず、I stayed up ... to watch は、start, stop にも当てはまるセオリーどおりの用法で、普通の動詞に to 不定詞が続いているときは、その不定詞はアクションを示しています。したがって、英語を話す人は、素直に時系列で考えて、「寝ないでいた」= stay up というアクションが先にあって、次に「オリンピックを見た」= watch the Olympics というアクションが続くと理解しますから、総合して、「オリンピックを見たいがために、寝ずに起きていた」という意味になります。

これに対して、I stayed up all night watching the Olympics. での watching という動詞の ing 形は、先行する I stayed up all night（一晩中起きていた）の全体との関係で「なぜ？どのように？」つまり WHY? HOW? を説明するもので、watching the Olympics というフレーズが I stayed up all night の理由を説明する副詞句になっています。

たとえば、工場の作業の様子を説明して、「この工場では、仕事は全部ロボットがやり、従業員は座ってコントロールしています」と言いたいなら、こうです。

In this factory, all work is done by robots and employees control their activities sitting down.

　この場合、sitting down（座っている、座ったままで）という一句は、employees control their activities（従業員たちがロボットの作業をコントロールする）につき、「どのように？」すなわち How? に答える格好での副詞として働いています。

こういう ing 形を副詞のように使うというのは実際によくあり、たとえば、工場見学に先立って予定を相手に説明するようなとき、こんなふうに言えます。

Okay, we'll spend the morning touring the plant and meeting management and staff.
（それじゃ、今日の午前中の予定ですが、工場を見学して、工場の幹部や従業員に会います）

普段の英語でもこんなふうに使います。

My wife's very busy packing for our trip to Europe.
（妻はヨーロッパ旅行に備えての支度で大忙しだ？　☞なぜ My wife' s very busy なのかを packing 以下が説明）

　あまり文法書で説明を見ませんが、先行する部分全体を副詞のように修飾するために使う ing 形、意外と日常的に使われるものですから、人が使っている英語を見聞きしているうちに気づくことでしょう。

> **More Tips**
>
> 同じ映画の話なのに、watch a movie, see a movie とでは意味が違います。アクションを言うときは watch なので、I spent the night watching a movie.（一晩中映画を見ていた）という言い方です。ところが、「映画鑑賞」という一つのイベントの全体を指して言うときは see を使うので、気になっている女優の映画を見たかを友達に聞くのであれば、Did you see her latest film The Blonde Visitor?（彼女の最新作「ブロンドの訪問者」見た？）となります。

Lesson 26 ▶ リスク管理（2）

Risk Management (2)

051

Lucy: Oh, [1] here comes the best part. Wow! Establishing risk management frameworks! Ooh! I've been waiting for just this moment.

Tom: Lucy, [2] how come you hate it so much?

L: Tom, [3] forget it. You just [4] mind your own business.

T: Lucy, when you're [5] crying out like that, I just can't [6] go back to my work.

L: Oh. Well, but it doesn't necessarily mean that you want to know why I hate this risk management stuff, does it? Or do you really want me to [7] go on about why I have a thing about it?

T: I do.

L: Tom, you're strange … and nice. [8] You know that? Well … one thing I don't like about writing up risk management plans is that no one appreciates it. When a problem comes up, and if it's something you've already predicted and you have a solution for, it gets fixed and people take that for granted. But when the other kind of problem crops up—the kind you couldn't predict and you have no idea how to fix it—**everyone starts complaining**. They'd [9] point the finger at us. They'd say, we're not prepared enough. Who do they think we are? Perfect managers? Oh, [10] give me a break.

DIALOG リスク管理について（2）

Translation
リスク管理について（2）

管理職のルーシーが、同僚のトムとリスク管理について話しています。

ルーシー：さーて、ここからが、いちばんおいしいところ。やった！ リスク管理の枠組み作成！ わーい！ この瞬間を、とにかく待ってたのよ、私。

トム：ルーシー、なんでそんなにリスク管理の仕事、嫌いなの？

ルーシー：トム、気にしないでちょうだい。あなたは、自分の仕事に精を出して。

トム：ルーシー、君がそんなに大声でわめいてたら、仕事になんか戻れるわけないだろ。

ルーシー：あら。ふーん、でも、私がうるさくて仕事できないからと言って、リスク管理の仕事をなんで私が嫌いなのか、その理由を知りたくなるとは限らないわよね。それとも何、なんで嫌いか、本当に私に話してほしいってわけ？

トム：話してほしい。

ルーシー：トム、あなたって変わってるわよ…それに、やさしい。ねえ、知ってた？ まあね…なんでリスク管理のプランを書き上げるのが嫌いかって言うと、誰も評価してくれないから。何か問題が起きるでしょ、その問題がすでに予測していたもので、解決法もある場合は、解決されて、人は、解決されるのが当たり前だって思うじゃない。でも、別の種類の問題が起きると―予測もできず、どうやって対処していいかまるでわからないタイプのヤツね―みんな文句言い出すのよ。私たちのせいになるの。態勢が整ってないって言われる。私たちを誰だと思ってるのよ。完璧なマネジャー？ 冗談じゃないわ。

Vocabulary

establish 成立させる、確立する
framework 枠組み
have a thing about ~ ～が大嫌いだ／大好きだ（～について特別の感情があるという意味）
appreciate 正しく評価する
come up （問題が）持ち上がる、出てくる
predict 予測する
solution 解決法、答え
fix 直す、解決する
take ~ for granted ～を当然のことと思う
crop up 不意に現れる

Lesson 26
Focus on Idioms

このダイアログで使われている句動詞・イディオムを解説していきます。

❶ Here comes the best part.　ここが一番いいところ／おいしいところ

Here comes the best part.
(ここからが一番いいところなんです)

言外に「うれしいじゃないの、腕が鳴るねえ」と言っているも同然という感じのフレーズ。これの逆バージョンもあり、「何が嫌かって言ったら」という意味の、Here comes the worst part. もある。たとえば、
Here comes the worst part. I hate airline food.
(これが嫌なんだよな、機内食、大嫌いだ)

❷ How come …?　なんでまた…?

How come you hate it so much?
(どうして、そんなにリスク管理の仕事が嫌いなの?)

元々は、how did it come about that... であり、ここでの come about は、「～が起きる、そうなるに至る」という意味なので、「どうしてそのようなことになったのか」ということ。何かの理由を尋ねるときの言い回しで、この後にフルセンテンスで、「なぜ?」の対象を入れる。how come の後は、肯定文と同じ語順になることに注意。

❸ forget it　(もうその話は) いいよ、気にしないで、忘れて

Tom, forget it. (トム、気にしないで)

日本語での「ご放念ください」を乱暴に言っている感じの言い回しで、話を続けるのが面倒くさくなったときによく用いる。命令形なので、目上の人や取引先などに使うのは避けたほうが無難。

❹ mind one's own business　他人のことに干渉しない

You just mind your own business.
(人の仕事に口出ししないでくれますか)

この言い回しは、This is none of your business. Mind your own business. (これはあなたの知ったことじゃないでしょう。鼻を突っ込まないでくれる)という使い方もできるので「取扱注意」。ここでの例のように、「いいから自分の仕事に専念しなさい」という軽い乗りで使うときは、軽さを強調する just を足して、Just mind your own business. という言い方にする方法もある。

❺ cry out　大声を出す　= yell

When you're crying out like that, I just can't go back to my work.
(そんなに大きな声出してたら、自分の仕事に戻れないじゃないですか)

ここでは、call が相手の注意を引くために声を出すことで、副詞の out が read out (読み上げる) での out と同じく、外部に向けて声を出すというニュアンスを強調している。

192

❻ go back to work　仕事に戻る　`= return to work`

I just can't **go back to** my work.

（自分の仕事に戻れません）

別のことをしていたのを終わらせ、「本来の仕事（work）に戻る」という意味の句動詞が go back to work の意味合い。同種の表現に get back to があるが大差なく、強いて違いを探せば、go back が戻るプロセスに重点があるのに対して get back だと戻る場所に重点があると言える。一語動詞を使うなら return。

❼ go on about ［何々］　［何々］を続ける　`= chatter about`

Do you really want me to **go on about** why I have a thing about it?

（どうしてそれが嫌いなのか、その話を始めていいの？）

［何々］につき「話し続ける」ことだが、この言い方自体、一語動詞で言えば、「おしゃべりをする、くだらない話をあれこれする」というネガティブな意味合いのある chatter であることからわかるとおり、いい意味ではなく、しかもインフォーマルな句動詞。

❽ You know that?　知ってました？

You know that?

（ねえ、知ってた？）

ここでの know は realize（認識している）という意味で、「自分でも気づいている、認識しているよね」という意味のフレーズ。肯定形では、She's smart and she knows that.（彼女は頭が良く、また、自分でもそうとわかっている）という形で使ったりする。これ自体に意味があるフレーズと言うより、「わかるでしょ」という意味で使う You know のように、間投詞のように要所で用いる。

❾ point the finger at ［誰々］　［誰々］を非難する

They'd **point the finger at** us.

（彼ら、こっちのせいにするんですよ）

日本語で他人から非難されたり責任を問われたりすることを「指を差される」と言うが、それに通ずるものがある。あくまで例えなので、I didn't do it. Don' point the finger at me!（やったのは私じゃありません。私を責めないでください）という言い方もできる。

❿ give me a break　勘弁してくれ、冗談じゃない

Give me a break.

（冗談じゃないって）

日本語の「おいおい、勘弁してくれ」に相当するフレーズで、相手や第三者の言っていることについて、それが当たっていないことを形容するために使う。代名詞は常に me であり、give him/ them/you a break という形は普通ではない。

193

Lesson 26

Focus on Function

Everyone starts complaining.と
Everyone starts to complainの違い

受験英語の世界では、start や stop などの「始める、終わる」を意味する動詞の用法につき、<stop + to 不定詞 > なのか <stop + ing 形 > かを非実現といった奇妙な漢語で説明したりするようです。

しかし、普通に英語を使う人たちは、begin/start/stop などに続く動詞が継続性を有するのか（ある程度の時間の経過が伴うのか）で to 不定詞の形で使うか ing 形で行くかは感覚で決めています。

つまり、to 不定詞は基本的にアクションを示すものであり、対する ing 形はイベントつまり状況・出来事を示すものと感じられています。
そこで、to start to complain であれば、to complain は to stop と同様にアクションを表しているわけで、start してから complain するのだという感じで使われます。他面、to start complaining であれば、complaining という状況の話という感じとなり、おのずとある程度長く続く感じがします。
また、<to start ＋アクション > だと、両方とも、いわば同格で、したがって使う方も、時間軸上、まず start し、次に complain というアクションという感覚があります。ところが、complaining だとイベントですから、動詞 start が働きかけるイベントという意味で、動詞が主で、complaining などの ing 形は従たる目的語ないし働きかける対象というイメージです。

そこで、ダイアログにある、when the other kind of problem crops up ... everyone starts complaining. は、別の種類の問題が起きれば、みんな「文句を言い出すという状況」が作られるのだという言い方です。しかも、この場合、「みんなが文句を言っている状況」がある程度続く感じがします。ing 形はひとつのイベントを表すからです。

一方、everyone will start to complain というふうに to 不定詞を使って言うと、to complain という不定詞形がアクションを表していることから、たいした違いではありませんが、文句を言っている時間が complaining より多少短めという感じがします。同種の動詞、begin の例を挙げます。

I began studying Chinese two years ago.
（2 年前に中国を勉強し始めた）

だと、studying と、状況を表す ing 形なので、もしかしたら今も勉強しているのかなという継続性が感じられます。
しかし、

I couldn't find my mobile, and I began to wonder if I had left it in the taxi.
（スマホが見当たらず、タクシーの中に忘れたかなと思い始めた）

というふうに、<begin + to wonder> と、2 つのアクションが並んでいるときは、wonder（〜だろうかと思う）というアクション自体、そうは長く続かなったのかなという印象を受けます。

　大きな違いではないものの、こういう使い分けをいちおう知っていると自信をもって使えるようになります。

DIALOG 音声を聴き取ろう

049

Ruth: Simon, Kate is i_ c_____ o_ the next conference, isn't she?

[Silence] Simon? Simon! Hello, there!

Simon: Oh, Ruth. You're sometimes too loud.

R: I'm glad you're listening. You look sleepy.

S: I am. I s_____ u_ a_ n___ w_____ t_ O_____.

R: Oh, not again. Some time ago, you w___ u_ late watching ... what was it ... the World Cup?

S: Premier League, Ruth. The World Cup won't c____ a_____ for another two years.

R: Ugh, sports fanatics t___ m_ o_. You remind me of my ex-husband. Oh ... yes, about Kate. Don't you think we should have someone to back her up for the conference, I mean, i_ t_ e____ of emergency?

S: H__ d_ y__ m___?

R: Kate is a single mom with small children. And if one of them should get ill during the conference, like having a temperature, I want her to be with them. Having a sub is risk management. You might not like the idea, but I u___ t_ be like her, you know. I don't want her to feel t___ b_____ work and home like I did. She is a mom. We've got to face the fact.

DIALOG 音声を聴き取ろう

051 🔊

Lucy: Oh, h___ c_____ the b___ p___. Wow! Establishing risk management frameworks! Ooh! I've been waiting for just this moment.

Tom: Lucy, h___ c_____ you hate it so much?

L: Tom, f_____ i__. You just m___ y___ o___ b_____.

T: Lucy, when you're c_____ o___ like that, I just can't g_ b____ t_ my work.

L: Oh. Well, but it doesn't necessarily mean that you want to know why I hate this risk management stuff, does it? Or do you really want me to g_ o_ a_____ why I have a thing about it?

T: I do.

L: Tom, you're strange ... and nice. Y__ k____ t___? Well ... one thing I don't like about writing up risk management plans is that no one appreciates it. When a problem comes up, and if it's something you've already predicted and you have a solution for, it gets fixed and people take that for granted. But when the other kind of problem crops up—the kind you couldn't predict and you have no idea how to fix it—e_____ s____ c_____. They'd p___ t_ f____ a_ us. They'd say, we're not prepared enough. Who do they think we are? Perfect managers? Oh, g___ m_ a b____.

197

Chapter 4

会議で使う
言い回し

The Language of
Meetings

Lesson 27 ▶ 会議の開始

Starting the Meeting

053 🔊

Ken: OK ... so, is everyone here?

Mary: Joe's ¹ on his way. He said he ² got up half an hour ago.

K: Well, it looks like he's getting better. Last time he got up at ... what time was it ... 3 in the afternoon?

M: Something like that. Anyway, he should be here ³ any minute now.

K: OK. ⁴ Let's get started, then. So, as many of you have probably heard already, we—the whole company—will be relocating to a new office in June. And ⁵ guess what. The new office of the digital marketing division has windows! Isn't that great? At last, the company has decided to treat us like human beings.

M: But we'll come back to this old building in the end, right?

K: Yes, after a year ⁶ or so, when the construction—I mean, the work to improve this building's earthquake resistance—is done.

M: And when that's done, we'll come back to this old office without windows?

K: Oh, no. That's not going to happen. The new office ... I mean, this old one after the construction ... will have windows, too. OK. And before June, we need to sort out all the stuff we have here, and pack them. Jane, you'll have to decide whether you want to take all your stuffed toys to the new building. Phil, ⁷ the time has come to sort out that huge pile of folders on your desk. I know what you're thinking: ⁸ who am I to say such things? Yes, I need to ⁹ do away with all the junk food myself.

M: Ken, um, when exactly are we ¹⁰ moving in?

DIALOG 会議を始める

Translation

会議を始める

事務所の移転について部長のケンが部員に告知している場面です。

ケン：よし、と…それで、みんな、いる？

メアリー：ジョーは今向かってます。30分前に起きたって言ってました。

ケン：そうか、ジョーも進歩しているみたいだね。この間は…何時だったっけ…午後3時に起きたんだっけ。

メアリー：そんな感じです。いずれにしても、すぐに着くはずですから。

ケン：わかった。じゃあ、始めよう。それでは、おそらくすでに聞いた人も多いと思うけれど、われわれ―うちの社全体が―6月に新しいオフィスに引っ越しをする。それで、すごいんだ、聞いてくれ。デジタル・マーケティング部の新しい部屋は、窓付きなんだ！ 素晴らしいだろう？ やっと、会社もわれわれを人間として扱うことに決めたんだ。

メアリー：でも、結局はこの古いビルに戻ってくるんですよね？

ケン：うん、1年かそこら経って、工事？ つまり、この建物の耐震工事？ が終わったらね。

メアリー：そして、工事が終わったら、また、窓なしのこのオフィスに戻ってくるんでしょう？

ケン：ああ、そうじゃない。そんなことにはならないよ。新しいオフィス…あ、工事後の、この古いオフィスのことだけど…にも、窓はできるんだ。さてと。6月までに、ここにある物全てを整理して、箱に詰めなくちゃいけない。ジェーン、君のぬいぐるみを全部、新しいビルに持っていきたいかどうか、決めなくちゃね。フィル、君の机の上の山のようなフォルダを整理するときが来たってわけだ。君らが何を考えてるかわかってるよ。偉そうによく言うよ、だろ。うん、僕自身、あのジャンクフード全部をどうにかしなくちゃいけないんだ。

メアリー：ケン、あの、正確にはいつ引越しするんですか。

Vocabulary

relocate	移転する
division	（行政や企業の）部署
in the end	結局、最後には
construction	建設
earthquake resistance	耐震
sort out	整理する
pack	荷作りする

Lesson 27
Focus on Idioms

このダイアログで使われている句動詞・イディオムを解説していきます。

❶ on one's way　向かっている

Joe's on his way.

（ジョー、今向かっています）

〈[誰々] is on his/her way〉という形で、「こっちに向かっている」という意味で使うが、自分のことを言うためにも使うことができ、I'm on my way. I'll be there in 15 minutes.（今、そっちに向かっています。あと15分で着きます）と言ったりする。

❷ get up　起きる、起床する　= awake（フォーマル）

He said he got up half an hour ago.

（30分前に起きたって言っていましたよ）

どうなるのかという動きを示す動詞 get に方向を示す up を組み合わせて「起床する」という意味の句動詞になっている。一語動詞で言いたいなら動詞 awake（過去形は awoke）があるが、非常にフォーマルな感じのする言葉で、普通の会話では使いにくい。

❸ any minute now　今すぐにでも

Anyway, he should be here any minute now.

（とにかく、今すぐにでも来ますよ）

ここでの he should be here（彼は来るはず、着くはず）のような、「何かが、あるいは誰かが到着する」といった話とセットで使われる。ニュアンスとしては、「いつ到着してもおかしくない」ということであり、人の家に忍び込んだ泥棒どうしが、Hurry! They may be back (at) any minute (now).（急げ、いつ帰ってくるかわからないぞ）のように使うこともできる。フルで言えば at any minute now であるが、any minute が中核なので、at や now を省略して使っても構わない。

❹ Let's get started.　始めよう

Let's get started, then.

（では、始めましょう）

ミーティングの冒頭で使う定型表現。英語の場合、日本語での会議と異なり、「始めます」「終わりましょう」「次は[何々]」といちいち口に出して自分たちの進行上の「現在位置」を明確にする習わしがある。ポイントは必ず省略形の Let's を使うことで、Let us にすると、異様なほどにフォーマルな感じになってしまう。

❺ Guess what.　聞いてくれ、どうなっていると思う？

And guess what.（すごいんです、ちょっと聞いてくださいよ）

新たな話題を切り出すときの定番表現。これがあることで、相手も、「何か新しい話題を振ってくるんだ」と心構えができ、ゆとりをもって応じられるので、会話では Well, OK などと同様、節目をマークするためにこの種の定型句が用いられる。これを言われたほうのリアクションは、単に What?（え、何？）または、I don't know. What?（さあ、何？）だが、ここでの例のように相手のリアクションを待つことなく、一方的に話を進めることもできる。

❻ ... or so （時間等の表現の後に入れて）〜かそこら、〜とかそんなもの

after a year or so（1年かそれぐらい経ってね）

相手への気遣いからあえてぼかした表現をするときの定番の一つ。日本語でのコミュニケーションと同じで、正確に1年後とわかっていても、ぎすぎすした断定調になることを避けるために、「1年かそこらして」というふうにあえて曖昧な言い方をしている。

❼ the time has come to do ［何々］ ［何々］すべきときが来た

Phil, the time has come to sort out that huge pile of folders on your desk.（フィル、その机の上のフォルダの山、なんとかする時期が来てるんじゃないですか）

「待ちに待った時期が到来した」という意味でも、あるいはここでのように「怠っていたけれど、もう延ばせない」という意味でも使うフレーズ。元々to不定詞で始まるフレーズはもっと長いものを凝縮するための道具なので、疑問詞で始まる文に仕立てて、主語・述語動詞を備えたフルセンテンスで同一内容のことを言うこともできる。たとえば、The time has come when you have to sort out that huge pile of folders on your desk.

❽ Who am I to say such things? 偉そうによく言うよ

Who am I to say such things?（偉そうに言うものですね）

基本的な形は、〈who are you to do［何々］〉で、Who are you to say that? なら、「そんなこと言って、おまえは何様のつもりなんだ」とか、Who are you to decide that? なら、「そんなこと決めようだなんて、お前は何様のつもりなんだ」というふうに使う。ここでは、相手の立場に立って自分の発言をとりあげているので、you ではなく、I を入れて、Who am I to say such things? となっているが、ポイントは、you であれ、I であれ、be 動詞が先に来て、Who are you/am I...? という語順になっていること。

❾ do away with ［何々］ ［何々］をどうかする、処分する ＝ eliminate

I need to do away with all the junk food myself.
（あのジャンクフードを全部自分でどうかする必要がある）

句動詞の do away 自体、フォーマルな一語動詞で言うなら、eliminate、すなわち「処分する、廃棄する」こと。従って、一語動詞で言うなら、I need to eliminate all the junk food.（あのジャンクフードをすべて廃棄する必要がある）という言い方になる。do away に、除去の対象を示すための前置詞 with が付いている句動詞だが、副詞を入れたければ、quickly do away with（急いで処分する）のように、句動詞の前に入れるのが普通。

❿ move in 引っ越す、入居する ＝ relocate

When exactly are we moving in?（正確には一体いつ引っ越すのですか）

動くことを言う move という動詞に、方向が何かの中へというものであることを示す副詞の in がセットになっている。一語動詞で言うなら、relocate なので、When exactly are we relocating? という言い方もできる。relocate はアカデミックワード（大学の教科書や学術文献などで使う言葉）でもあるので、フォーマルな感じになる。会議の前半で Ken が relocate を使っているのは、正式発表という「フォーマルな」感じを出すためである。

Focus on Function

likeを使いこなす
Something like that. そんな感じです

　like には接続詞としての顔、前置詞としての顔、それとわざと曖昧な言い方にするための道具としての顔があります。

① 接続詞として使う：

　He always acts like he's the smartest guy in the room.
　（彼はいつも自分が一番頭がいいかのようにふるまう）

　Like I said, it's not that simple.
　（さっきも言ったけど、そんな簡単な話じゃないんだよ）

　ここでは like を接続詞として、つまり、he is, it is というような主語と述語動詞のセットを他のセットと結び付ける役割をしています。

　こうした使い方は話し言葉ではごく普通で、実際によく耳にします。しかし、言葉にうるさい人々に言わせると、なぜか、like は後で説明する前置詞としての使い方が正しく、接続詞として使うのは間違っているとされます。したがって、書き言葉、特に正式の書類では、以下のように本来の接続詞を使って書き換えたほうが無難です。

（書面では、E メールは別として、he's も he is に、it's も it is と省略せずに書くことになります）

　He always acts as if he is the smartest guy in the room.
　As I said, it is not that simple.

したがって会話例にある

　It looks like he's getting better.（ジョーも進歩しているようだな）

という言い方も、話し言葉としては全然問題がないものの、うるさいことを言えば、書き言葉ではこうすべしということになります。

　It looks as if he is getting better.

② 前置詞として使う：

　前置詞というのは、以下のように、名詞添えることで、その名詞を話の中に形容詞あるいは副詞として取り込むための道具です。

At the age of sixteen, Patty Duke won an Academy Award for best supporting actress.
（16 歳のとき、パティー・デュークはアカデミー最優秀助演女優賞を受賞した）

← At the age of sixteen という前置詞句（前置詞＋名詞のフレーズ）が形容詞として主語の Patty Duke を修飾しています。

In a traditional, analog clock, time is displayed by three hands: the hour hand, the minute hand, and the second hand.
（従来型のアナログ時計では、時刻は 3 つの針で表示される。すなわち時針、分針、秒針である）← ここでの by three hands という前置詞句は動詞 display を修飾している副詞用法の前置詞句です。

like を名詞・代名詞を目的語とする前置詞として使うのであれば、こうなります。

Don't say things like that. That's rude.
（そういうことは言いなさんな。失礼だよ）

会話例でも、

Something like that.（それに似たようなものです＝そんな感じです）

という形で like が前置詞として使われています。

③ あいまいにするための like：

　ビジネス英語の世界では、断定的な物言いを避け、あえて曖昧な言い方にするために like が好んで使われます。たとえば、何かが 200 個必要だとして、正式な発注ならともかく、ざっくばらんに話をしている段階では、「200 個ほど」という言い方をします。つまり、200 units ではなく、Something like 200 units. のほうが一般的です。

　ビジネスでは正確な言い方が好まれそうですが、ビジネス英会話の記録を分析した研究でも、相手に対する気遣いから、あえて曖昧な言い方をすることがわかっています。この傾向は相手が部下であるといった上下関係があるときは、特に顕著であり、インターラクション上の配慮ということを見て取れます。

Chapter 4

会議で使う言い回し

Lesson 28 ▶ 討議に入る

Entering the Discussion

055

Sue: OK ... let's [1] get a move on. The first thing on our agenda today is to discuss our website's new design. So, how are you [2] getting on with the design, Dave?

Dave: [3] So far, so good, I'd say. [to his colleague] Alice, could you [4] give out the printouts to everyone? Do you have [5] enough to go around? [to the others] Yes, take one each, please. As you can see, we have several samples. Well, the first one ... some people might say it's boring. It's been [6] laid out in a very traditional way. With the second one, we've made our logo [7] stand out. You see the difference? Anyway, just [8] flip through the whole thing, and I'd like to hear your opinions about them. Honestly, your frank opinions are more than welcome.

Anna: Um, may I?

S: Anna. Go ahead.

A: Well, I really appreciate the hard work Dave and you guys have [9] put into this, I mean, I really do. But ... I'm going to say this only because you've asked for frank opinions. **Please don't get me wrong.** No offense. Um, how can I put this ... well, to me, they all look ... bland. They all look like something we've seen somewhere else. We are the pioneer of the cat-food industry! We must be proud of ourselves. And we have to show that to the world through our website!

D: Anna, thank you for your opinion. Well, if you think we should [10] throw out all the samples here, I'd like to hear a better idea.

Translation

討議を始める

宣伝会議にて。ホームページのデザインについて意見交換をしています。

スー：それでは、と…さっさとやっちゃいましょう。今日のアジェンダ、1つめは、わが社のウェブサイトの新しいデザインについて話し合う、という件です。というわけで、デザインのほうはどうなってるかしら、デイヴ？

デイヴ：今のところいい感じだと思うよ。[同僚に] アリス、プリントアウトを皆にくばってもらえる？　みんなに行き渡るだけのコピーがあるかな？ [他の人たちに向かって] はい、一束ずつ、取ってください。ご覧の通り、サンプルをいくつか用意しました。えーっと、最初のは…つまらないっていう人もいるかもしれないですね。すごく伝統的なレイアウトにしてあるので。2つ目のデザインでは、ロゴが目立つようにしました。違いがわかります？　とにかく、全部ぺらぺらとめくってもらって、皆さんがどう思うか、聞きたいんです。本当に、忌憚のない意見、大歓迎です。

アナ：あの、よろしいですか。

スー：アナ。どうぞ。

アナ：あのぉ、デイヴや皆さんが、このサンプルを作るのにがんばってくれたということは、本当に感謝しています。いえ、本当にそう思ってます。でも…これから言うことは、忌憚ない意見を、と言われたので言うんですけど。誤解しないでくださいね。悪く取らないでくださいね。えっと、どう言えばいいかしら…つまり、私から見ると、このサンプル、全部…平凡なんですよ。全部、どこかで見たことがあるような感じ。私たちは、キャット・フード業界のパイオニアよ！　自分たちに誇りを持たなければ。そして、そのことを、ウェブサイトを通して世界に見せてやらなければ！

デイヴ：アナ、意見、どうもありがとう。いや、このサンプル全てお払い箱にするって言うんなら、（代替案として）もっといいアイデアを聞きたいな。

Vocabulary

agenda アジェンダ、議題
colleague 同僚
more than welcome 大歓迎で
No offense. 気を悪くしないでね。＊offense「気分を害するもの」
bland 退屈な、面白みのない
pioneer パイオニア、先駆者
industry 業界

Lesson 28

Focus on Idioms

このダイアログで使われている句動詞・イディオムを解説していきます。

❶ get a move on　さっさとやる、片付ける

Let's get a move on.（さっさとやっちゃいましょう）

類似表現の It's time to move on.（次に移る）は、単に次のステップに移行しようというだけで、急いでいる感じがないが、こちらの get a move on は、「急いでやる、さっさと片付けよう」というニュアンスがあり、We can't wait all day.（一日中待っているわけにいかない）We'll be late.（遅れてしまう）といったフレーズとセットで使われることが多い。

❷ get on with［何々］　［何々］が進んでいる、はかどっている　= proceed

How are you getting on with the design, Dave?
（デザインのほうの進み具合、どうですか？）

ここでの get on の on は「、続ける」という意味の carry on で使われている on と同じで、「続行」というニュアンス。with が「［何々］について」の進み具合を示す。一語動詞で言えば proceed だが、How are you proceeding with［何々］だと「進捗具合」はどうかという感じのフォーマルな響きとなる。

❸ so far, so good　今のところ上々

So far, so good.（今のところ、いいですよ）

「これまでのところ（so far）順調（so good）」という成句。ここでは相手が言ったことを受けて使っているが、We're about 80 percent finished. So far, so good.（8割がた完了していますが、今までのところ順調です）のように、自分で何か言ってからコメントする形でも使える。

❹ give out　配布する　= distribute

Could you give out the printouts to everyone?
（配布資料をみんなに配っていただけますか？）

ここでの out は、資料を配布するときの hand out でのそれと同じで、「1つの起点から外に向かって」配るというニュアンス。一語動詞で言えば、distribute なので、ややフォーマルな感じで言うなら、Could you distribute the printouts to everyone? と言える。

❺ enough to go around　行き渡るのに十分

Do you have enough to go around?（行き渡るだけ、ありますか）

写真などを回覧するときの pass around での around 同様、go around での around は、「ぐるりと、一周まわる」というニュアンス。飲み物や資料が人数分あるかどうかを確認するときによく使う言い方。句動詞を使わずに言うなら、Is there enough for all? となる。

❻ lay out　レイアウトを決める、配置する　= arrange

It's been laid out in a very traditional way.
（昔からよくあるレイアウトになっています）

208

日本語としても使われる lay out だが、ここでの out は、sort out（整理する）の out が持つ「配置を決める、アレンジする」というニュアンス。一語動詞で言えば arrange なので、It's been arranged in a very traditional way. とも言える。

❼ **stand out** 目立つ = make it conspicuous

We've made our logo stand out.
（うちのロゴが目立つようにしてあるんです）

ここでの out は、太陽が昇るときの come out と同様、「視界に入る」ということであり、それが「立つ」という意味の stand といっしょになって、「（群を抜いて）目立つ」という意味の句動詞を構成している。よりフォーマルな表現を使うとすれば形容詞の conspicuous（目立つ）を使って、We've made our logo conspicuous. と言える。

❽ **flip through** ぱらぱらめくる = skim, browse

Anyway, just flip through the whole thing, and I'd like to hear your opinions about them.
（とにかくざっと見て、その後に意見を聞かせてください）

「指ではじく、押す」という意味の動詞 flip と雑誌や本などの最初から最後までを意味する through が組み合わさって、「ぱらぱらとめくる、ざっと見る」という意味の句動詞になっている。一語動詞を使いたい場合、skim the whole thing とも言えるが、据わりが悪いと感じられるのか、skim を使うときも、skim through と through を付ける人のほうが多い。

❾ **put X into Y** Y のために X を費やす、投入する = expend

I really appreciate the hard work Dave and you guys have put into this, I mean, I really do.
（デイヴ、それに皆さん、この仕事、頑張ってくれて、本当にありがとう。本当です、本当にありがとう）

ここでは動詞 appreciate の目的語である長めの名詞句の一部として使われているが、普通に言うなら、We put a lot of hard work into this.（われわれは、この件には多大の労力を費やした）という格好になる。一語動詞で言いたいなら、「消費する」という響きになる expend で、フォーマルな単語。使い方は、能動態なら、We have expended a lot of time and effort trying to solve this problem.（この問題の解決に向け当社は多大の時間と労力を費やしている）となり、受動態なら A vast amount of effort has been expended for this problem.（この問題については多大な労力が費やされてきた）となる。

❿ **throw out** お払い箱にする、放り出す = discard

If you think we should throw out all the samples here, I'd like to hear a better idea.
（ここにあるサンプルを全部却下するのなら、もっといい案出してください）

雑草を抜き取ることを pull out the weeds と言うが、この「排除する、除去する」というニュアンスの out を動詞 throw（放り投げる）と組み合わせることで、「捨てる、処分する」という意味の句動詞になっている。一語動詞なら discard ということなので、上の例文は、If you think we should discard all the samples here, I'd like to ... と言い換えることができるが、響きとして「廃棄する」という感じのフォーマルな言い方になる。

Lesson 28
Focus on Function

言いにくいことを切り出す表現

Please don't get me wrong.
悪く取らないでくださいね。

　一般に英語でのコミュニケーションを学ぶという場では情報伝達にばかり重きがおかれますが、やはり相手への気遣いも同じくらい大事です。相手を怒らせたりしては、伝えるべきコンテンツがいくらちゃんと英語でできていても効果半減です。

　そのままストレートに伝えると、ことによっては相手が怒りかねない場合、あるいは、そこまで行かなくても、関係が悪化し、後々響く可能性がある場合は工夫するものです。

　そこで、相手に気を使っていることをアピールする言い方を入れることになります。ここでの

> **Please don't get me wrong.**
> （誤解しないで欲しいんだけど／悪く取ってほしくないんだけど）

などはその代表格です。

　以下は、普通、微妙なこと、相手がむっとしてしまうかもしれないことを言う場合、それに先んじて前置きとして入れる典型フレーズ。まず、お説教になるようなことを言う場合の前置きとしてよく使うのは以下のようなものです。

> **There's something I need to tell you.**
> （ちょっと話をしておきたいことがあるんだが）
> **There's something I think you should know.**
> （ちょっと知っておいたほうがいいことがあってさ）
> **We need to talk.**
> （話があるんだ）

　次に、端的に「こうしてくれないかな」「それやめてくれない」といったことを口にするときは、こういう前置きが典型的です。

I hate to tell you this, but can you cover your mouth when you sneeze.
（こんなこと言いたくないんだけど、くしゃみするときは、口をふさいでくれない？）

I don't know how to tell you this, but this report should have more facts rather than your opinions.
（なんて言ったらいいかなあ、このレポート、君の意見ばかりでなく、もっと事実を入れるべきなんだな）

You might not like what I have to say, but this report should contain more specific information.
（こんなこと言われて面白くないかもしれないけれど、このレポート、もっと具体的な事実を入れるべきなんだな）

I wish I didn't have to tell you this, but can you be quiet when I'm on the phone?
（こんなこと言いたくないんだけれど、人が電話しているときはもっと静かにしてくれないかな）

などがあります。

Chapter 4

会議で使う言い回し

211

DIALOG 音声を聴き取ろう

053 🔊

Ken: OK ... so, is everyone here?

Mary: Joe's o_ h_ w__. He said he g__ u_ half an hour ago.

K: Well, it looks like he's getting better. Last time he got up at ... what time was it ... 3 in the afternoon?

M: S_____ l__ t___. Anyway, he should be here a_y m_____ n__.

K: OK. L_'s g__ s_____, then. So, as many of you have probably heard already, we—the whole company—will be relocating to a new office in June. And g____ w__. The new office of the digital marketing division has windows! Isn't that great? At last, the company has decided to treat us like human beings.

M: But we'll come back to this old building in the end, right?

K: Yes, after a year o_ s_, when the construction—I mean, the work to improve this building's earthquake resistance—is done.

M: And when that's done, we'll come back to this old office without windows?

K: Oh, no. That's not going to happen. The new office ... I mean, this old one after the construction ... will have windows, too. OK. And before June, we need to sort out all the stuff we have here, and pack them. Jane, you'll have to decide whether you want to take all your stuffed toys to the new building. Phil, t__ t___ h_ c____ t_ sort out that huge pile of folders on your desk. I know what you're thinking: w__ a_ l t_ s__ s___ t____? Yes, I need to d_ a____ w__ all the junk food myself.

M: Ken, um, when exactly are we m_____ i_?

DIALOG　音声を聴き取ろう　055 🔊

Sue: OK ... let's g_ a m___ o_. The first thing on our agenda today is to discuss our website's new design. So, how are you g_____ o_ w__ the design, Dave?

Dave: S_ f__, s_ g___, I'd say. [to his colleague] Alice, could you g__ o__ the printouts to everyone? Do you have enough to g_ a_____? [to the others] Yes, take one each, please. As you can see, we have several samples. Well, the first one ... some people might say it's boring. It's been l__ o__ in a very traditional way. With the second one, we've made our logo s____ o__. You see the difference? Anyway, just f__ t_____ the whole thing, and I'd like to hear your opinions about them. Honestly, your frank opinions are more than welcome.

Anna: Um, may I?

S: Anna. Go ahead.

A: Well, I really appreciate the hard work Dave and you guys have p__ i___ this, I mean, I really do. But ... I'm going to say this only because you've asked for frank opinions. P____ d___ g_ m_ w____. No offense. Um, how can I put this ... well, to me, they all look ... bland. They all look like something we've seen somewhere else. We are the pioneer of the cat-food industry! We must be proud of ourselves. And we have to show that to the world through our website!

D: Anna, thank you for your opinion. Well, if you think we should t____ o__ all the samples here, I'd like to hear a better idea.

213

Lesson 29 ▶ 賛成と反対

Agreeing and Disagreeing

057

Ted: [To the speaker who has made a proposal] Thank you, Bill. I think he's very clearly [1] set out his proposal. His idea of "translation earphones" sounds very interesting. [2] Now that we have a full picture of his idea, [3] if anyone has anything to say about it, please go ahead.

Emma: Can I go first?

T: Of course, Emma.

E: Bill, I think your translation earphones sound terrific, [4] especially in that the translation can be customized [5] according to any language the user chooses. There are lots of translation services [6] out there but nearly all of them require the user to open an app or look at a screen. [7] I can't wait to try out a pair of these translation earphones. It'll be like having a personal interpreter working for me.

Joe: Um, **I hear what Bill's saying, and I agree with Emma** [8] to a certain extent, but I don't think we should get carried away just yet. There's still a lot of work needed before we can have a finished, marketable product. And then there's the problem of copyrighting the idea. I'm sure far bigger companies than ours will be keen to jump on the idea and make their own versions of translation earphones. So, we have to make sure that we [9] figure out the legal side of things as a first step. Until then we're, [10] for lack of a better word, "vulnerable" – vulnerable to the rest of the industry beating us to the punch.

DIALOG 賛成と反対

Translation

賛成と反対

翻訳会社にて、社内会議を行っています。

テッド: [企画を提案したスピーカーに向かって] ありがとう、ビル。企画をとても明確に説明してくれたと思います。彼の提案する「翻訳イヤホン」はとてもおもしろそうですね。それでは、全貌がわかったところで、何かこの件について言いたいことがある人は、どうぞ。

エマ: 先頭を切っていいですか。

テッド: もちろんどうぞ、エマ。

エマ: ビル、あなたの言う翻訳イヤホンは素晴らしいと思うわ、特に、ユーザーが選択したどの言語にも対応して翻訳をカスタマイズできるという点が。世間にはたくさんの翻訳サービスがあるけど、そのほとんどは開いたり画面を見たりしなくちゃいけないんです。この翻訳イヤホンを早く試したいです。個人的な通訳者が私のために働いてくれるようなものだもの。

ジョー: あの、ビルが言ってることはわかるし、エマが言うことにもある程度は賛成だけど、まだ浮かれてはいけないと思う。市場性のある完成品を手に入れるまでには、まだ多くの作業が必要だよ。それに、アイデアの著作権の問題もある。僕たちの会社よりもはるかに大きな会社が、このアイデアに飛びついて、翻訳イヤホンの自社バージョンを作ろうと躍起になるに違いない。だから、僕たちは最初のステップとして、法的な面を確実に把握しなければならない。それまでは、うまい言葉が見つからないけど、「攻撃されやすい状況」にある。つまり、業界のほかの企業に先を越されて、やられちゃう可能性が結構あるってこと。

Vocabulary

make a proposal	提案する
terrific	すばらしい
customize	カスタマイズする
carry away	はしゃぐ、有頂天になる
keen to ~	~することを熱望する
jump on ~	~にさっと取り掛かる
beat ~ to the punch	~に先んじる

Lesson 29
Focus on Idioms

このダイアログで使われている句動詞・イディオムを解説していきます。

❶ set out （書面、図などで）説明する = describe

He's very clearly set out his proposal. （彼、自分の提案、うまく説明しているよ）

「その工場は自動車を一時間に 60 台生産している」と言いたい場合、The factory turns out 60 cars every hour. と形容できます。このように、out には「創りだす」というニュアンスがあり、それを紙に何かを記録するときの動詞 set と組み合わせたのがこの句動詞です。一語で言えば、describe ですから、He has clearly described his proposal. と言い換えることができます。この describe はさほどフォーマルではありませんから、気軽に使えます。

❷ now that ... …なので、…であるとわかった以上

Now that we have a full picture of his idea, ...

（じゃ、彼のアイデアの全体像がわかったところで…）

他の語で言い換えれば considering that ... すなわち「that 以下の事情に鑑みて」ということですが、理由を明するときの since や because と同じです。たとえば、Now that you're here, why don't you stay for dinner?（せっかくいらっしゃるんだし、うちで晩御飯などいかが）は、意味としては、Since you're here ... ということです。

❸ if anyone has anything to say about it 誰か何か言いたければ、

If anyone has anything to say about it, please go ahead.

（何かご意見あるようでしたら、どうぞ）

英語でのミーティングでは誰かしら仕切り役となって、参加者全員から発言を引き出そうとするのが普通です。その際、Jill, do you have anything to say?（ジル、何かない?）のように指名することもありますが、全員に呼びかけるときにこの種の言い回しを使います。

❹ especially in that ... 特に…において（この後、理由を挙げる）

Your translation earphones sound terrific, especially in that the translation can be customized.

（あなたの言う翻訳イヤホンは素晴らしいと思います、特に翻訳をカスタマイズできるという点が）

元々 in that ... は、何か言ってから、なぜそう言えるのかと説明を始めるときの合図で、一種の because。I was lucky in that my cancer was caught in time.（私はガンが間に合ううちに発見できて幸運だった）というふうに使う。これに「他にもあるけれど、特にひとつ挙げておきたい」というニュアンスの especially が組み合わせてあるフレーズ。

❺ according to ［何々］ ［何々］に応じて、したがって

The translation can be customized according to the user's need.

（翻訳の成果をユーザーのニーズに合わせてカスタマイズすることができます）

この according to は、Jack is down with the flu, according to Jill.（ジルの話だと、ジャックはインフルエンザで寝込んでいるって）のように、出どころを言うときもある。しかし、ここでの用法は、in accordance with ~「~に従って、即応して」という意味で、in accordance with the user's need とも言える。ただし、この言い方は according to を

216

使う場合よりもフォーマルになってしまう。

❻ out there そこいらにある、出回っている

There are lots of translation services out there.
（世の中にはたくさんの翻訳サービスがあります）

意味としては「存在する」に近い表現で、調子を整えるために使う。つまりなくても差し支えない。たとえば、There are always some crazy products out there.（いつの世にもおかしな製品というのはあるものだ）の場合、out there を削除しても意味は変わらない。ダイアログの中の一句も同様。

❼ I can't wait to do [何々] [何々]するのが楽しみだ、待ちきれない

I can't wait to try out a pair of these translation earphones.
（この翻訳イヤホンを試すのが待ちきれない）

待ちきれないことが行為ならダイアログでの例のように、can't wait to see のうように can't wait の後ろは to +動詞だが、I can't wait for my vacation.（休暇が待ち遠しい）のように、対象が名詞のときは前置詞 for を使う。

❽ to a certain extent ある程度は

I agree with Emma to a certain extent.
（ある程度はエマが言うことに賛成です）

相手の言っていることに反対するときも、いきなり反対と言うものではなく、きちんとした英語では、いったん相手の言い分を認めた上で、自分の考えを言う。そのために「一定限度賛成だ」と言うときの決まり文句がここでの to a certain extent。

❾ figure out 見付け出す、推理する ＝ discover

We figure out the legal side of things.
（私たちは法的な側面を把握します）

I've figured a way to solve the problem.（問題の解決策を思いついた）のように、figure だけでも、「考えて見つけ出す」という意味がある。しかし、これに、find out the killer（殺人犯を探し出す）での out と同様、「探して発見する」という意味の out を付けることで、いっそう、あれこれ考えたあげくに「探り当てる、見いだす」というニュアンスを強調している。

❿ for lack of a better word （他に言いようもあるでしょうが）言うなれば

Until then we're, for lack of a better word, "vulnerable."
（それまでは、うまい言葉が見つからないけど、「攻撃されやすい状況」にある）

うまい言葉が見つからない場合にその場をしのぐために使う言い回しで、This building umm, for lack of a better word, aesthetically challenged.（この建物はうーん、言うなれば、美的見地から難がある）というふうに、とりあえず思いつく表現の前に入れて使う。

Chapter-4 会議で使う言い回し

217

Focus on Function

> **会議の席で使える改まった言い方**
>
> **I hear what Bill's saying, and I agree with Emma to a certain extent.**
> ビルが言ってることはわかるし、エマが言うことにもある程度は賛成です。

　会話は互いに素材を出し合って形成する共同作業ですから、相手がどの程度わかっているかを確かめ合いながら話を進める側面があります。既にこの問題は 138 ～ 139 ページでも触れましたが、ここでは会議の席で使える、もっと改まった言い方を中心に紹介します。

他の人たちが自分の話をわかっているか不安になった場合、同僚同士なら、

　Know what I'm getting at?
　（私が言いたいこと、分かりますか？）

で済みますが、上司もいる改まった席上では、聞き手全員を意識して聞くなら、

　Is that clear to everyone?
　（皆さん、わかってくださいました？）

です。これをもっと控えめにしたければ、こう言えます。

　I'm not sure if I'm making myself clear.
　（どこまできちんと説明できたか心配です）

ちょっと覚えるのが大変ですが、英語に慣れている人はあっさりとこんな長いフレーズも使います。

　If there's anything you haven't understood, please say so.
　（もしわかりにくかった点があれば、遠慮なくそうおっしゃってください）

これに対して、「ちゃんと説明していますよ＝大丈夫、わかりますよ」なら、現在完了を使って、

You've made yourself clear.

と言います。もし、何か再確認したいなら、

So, you're suggesting time is of the essence?
（つまりは、期限の厳守が何より重要とおっしゃりたいんですよね）

というふうに、So, you're suggesting (that) ... というパターンを使います。

　もし、わからないのであれば、まずは「わからなかったのですが」と切り出してから、確かめたい点を言います。

I'm not sure I've understood you correctly. Are you saying quality is of secondary importance?
（きちんと理解できたか自信がないのですが、品質は二の次だとおっしゃっているんでしょうか?）

　答えるほうは、" what I was saying was that"（自分が言っていたのはこういうことだ）というフレーズを入れて、こんなふうに言います。

No, I'm afraid. That's not quite right. What I was saying was that we need to balance quality and cost.
（すみませんが、違います。それはちょっと違います。申し上げたのは、品質とコストの間でバランスを取る必要があるということです）

　相手の言っていることが正しいのであれば、以下のように、「そのとおり」と応じてから、「それが私の言っていたことです」と続けます。

Correct/Exactly. That's my point.

Lesson 30 ▶ 会議の終了

Ending the Meeting

059

Ken: So, I think we've weighed up the pros and cons of the plan Ian has [1] put forward, and now it's time to [2] step back and [3] think it over. Next time we meet—let's see ... the next meeting will be on next Friday—we'll discuss further. OK. So let's call it a day ... before sleepiness [4] comes over us. It's been a long day. I'm getting tired?—aren't you? Or is it only me?

Mary: Ken! [5] Same here.

K: Hey ... [6] look who's here. Joe! [7] There you are. We [8] were just about to [9] finish off. I'm glad you've made it. You almost missed this wonderful meeting.

Joe: Well, I didn't.

K: Huh, anyway ... are there any questions? Anything anyone has to say before we really finish? OK. [10] That's it **then. Thank you, everyone.**

M: [to Joe] Joe, why can't you get up a little earlier?

J: I tried everything I could. You know, I have six alarm clocks in my room, all of them with super-mega beeps. There must be something wrong with this system between my ears and brain, because ... I can hear all right. I can hear every single word of Ken's sarcasm.

M: So after the six alarm clocks went off, you were still asleep. You wouldn't have made it here if I hadn't called you.

J: I know. I owe you so much for the hundred phone calls you've given me—just to wake me up.

Translation

会議が終わって

企画を検討し終わったので、会議は終盤に向かいます。

ケン：さてと、イアンが提示した案の良い点と悪い点を比較検討したところで、一歩離れて見て、じっくり考えようか。次のミーティングの時に…えーっと…次回は来週の金曜にあるね？ さらに話し合おう。よし、と。今日はこれで終わりにしよう…皆が眠気におそわれる前にね。長い一日だったな。疲れてきたよ？ 皆も疲れてない？ それとも、僕だけかな？

メアリー：ケン！ 私もです！

ケン：おや…誰かと思ったら。ジョー！ やっと来てくれたね。もうちょっとで全部終わってしまうところだったんだよ。来られてよかったよ。このすばらしいミーティングをもうちょっとで全面的に欠席するところだったね。

ジョー：あ、でも欠席してませんよね（ジョーは最後の最後に登場したので、「終わる前に間に合ったから、欠席してはいない」と言っている）

ケン：はぁ、とにかく…何か、質問はあるかな。本当に終わりにする前に、誰か、何か言わなくちゃいけないこと、ある？ よし。じゃあ、終わりにしよう。みんな、ご苦労さん。

メアリー：[ジョーに] なんでもう少し早く起きられないの？

ジョー：やれることは全部やったんだよ。実はさ、部屋には目覚ましが6個あるんだ、全部、超大音量のアラーム付き。僕の耳と脳の間のシステムがどっかいかれちゃってるに違いないんだ、だってさ…ちゃんと耳は聞こえるんだから。ケンの皮肉だって、一語一語はっきり聞こえてるんだよ。

メアリー：それで、目覚ましが6個鳴った後も、まだ寝てたってわけね。私が電話しなければ、ミーティング、来られなかったじゃないの。

ジョー：そうなんだよ。メアリーがかけてくれた100回もの電話には、本当に感謝してる？ 僕を起こすためだけの電話に、ね。

Vocabulary

further	さらに、より一層
make it	都合がつく、間に合う
miss	逃す
beep	ビーという音
sarcasm	皮肉
owe ~	～に恩を受けている、借りがある

Lesson 30
Focus on Idioms

このダイアログで使われている句動詞・イディオムを解説していきます。

❶ put forward 提示する = present, propose

Ian has **put forward** an ambitious plan.
（イアンが意欲的な計画を打ち出したんです）

犯罪捜査などで重要情報がもたらされた場合、［誰々］came forward with critical information といった言い方をする。そこでの forward は、「何もなかったところに持ちだしてくる」といったニュアンス。ここでの forward も同様で、「位置付ける」という意味の動詞 put と組み合わせると、提案、企画などを「提示する」という意味の句動詞になる。一語動詞で言えば、present または propose だが、それほどフォーマルな響きはない。

❷ step back and think 一歩下がって考える = pause and rethink

It's time to **step back and think** it over.
（一歩下がって、じっくり考えるべき時期です）

日本語でも「一歩下がって考える」という言い方をするが、ほぼそれに匹敵する句動詞。step が「前や後ろに足を運ぶ」ということで、back が「後方に」であり、まさに一歩下がって考えることを指す。一語動詞で言うのは難しいが、二語なら、pause and rethink（しばらく間を置いて再考する）でほぼ同様のことを言える。

❸ think over じっくりと考える、再検討する = consider

It's time to step back and **think it over**.
（一歩下がって、じっくり考えるべき時期です）

形式・内容の両方に注意を払いながら書類に目を通すことを read over と言うが、そこでの over 同様、「じっくりと」というニュアンスの over が think（考える）とセットで使われることにより、「じっくりと考える」という意味の、インフォーマルな句動詞になっている。基本パターンは、〈think over［何々］〉だが、ここでの代名詞のように、既に話題になっていることを目的語とするときは、動詞と副詞の間に持ってきて、〈think over it〉ではなく、〈think it over〉とする。一語動詞で言えば、consider で、これはニュートラル。同義語の ponder になるとフォーマル。

❹ ［何々］comes over［誰々］ ［何々］が［誰々］を襲う、支配する

Let's call it a day before sleepiness **comes over** us.
（皆さんが眠気に襲われる前に、今日はこのぐらいにしておきましょう）

具体的には、A huge black cloud came over us and it started raining like crazy.（われわれは大きな黒雲におおわれたところで、狂ったように大雨が降りだした）と言ったりするが、このような「おおわれ、包まれる感じ」を抽象的に使うと、ここでの例のように、「眠気に襲われる」感じを出せる。この延長線上で、いつもは泣いたりわめいたりしない人がいつになく取り乱したような場合、I'm sorry. I don't know what came over me.（ごめん。私としたことが）と言ったりする。

❺ **Same here.** 同感だ、自分もだ

A: I'm getting tired. B: Same here.

（A：疲れてきました。B：こちらもです）

Me too. と同じく、I agree のインフォーマル・バージョン。人が言ったことに同意する場合以外に、同じ席にいる人が料理や飲み物を注文した際に、「こっちも、自分も同じものを」という意味で使える。たとえば、A: I'll have a glass of red wine. B: Same here. （A：グラスで赤ワイン、お願い。B：こちらにも同じものを）。

❻ **Look who's here.** 誰かと思ったら

Hey … look who's here. Joe! （おや…誰かと思ったら、ジョーじゃないですか！）

友達と集まっているときに、意外な人が入ってきたり、通りかかったりしたときに使う決まり文句。ここでは当の本人に向けて使っているが、話している2人が第三者を指して使うこともある。たとえば、A: Look who's here. B: Yeah, isn't that John Smith?(A：あいつじゃないか。B：ほんとだ、ジョン・スミスよね？)

❼ **There you are.** やっと来たね、いらっしゃい

Hey … look who's here. Joe! There you are.

（おや…誰かと思ったら、ジョーじゃないですか！　やっと来たましたね）

ここでは、「おう、来たか」のような軽い感じで使われているが、他に、There you are. I've been waiting for over 30 minutes. （やっと来たか。30分以上も待たせて、なんだよ）のように、待たされていた相手が口にする決まり文句でもある。

❽ **be about to do** [何々] ちょうど [何々] するところだ

We were just about to finish off.

（ちょうど今、終わろうとしていたんです、全部）

about に to で始まる不定詞を続けることで、その to 不定詞が表す動作・行為に着手し、あるいは完了しようするところであることを表す。「過去の時点から見た将来の話」を取り上げるときに使うもので、We were just about to finish off. は、過去の時点を基準時として、ちょうど、これから finish off（終わらせる、けりをつける）するところだったと言っている。

❾ **finish off** 終わりにする、けりをつける = conclude

We were just about to finish off.

（ちょうど今、終わろうとしていたんです、全部）

動詞の finish だけでも「終わりにする」という意味になるが、これに、polish off a huge piece of cake（それは大きなケーキ一切れをぺろりと片付ける）での「完了」というニュアンスの off を組み合わせることで一段と終了感が強調されている。一語動詞で言えば complete であり、ニュートラルなので普通に使える。よりフォーマルな一語動詞なら conclude があり、We were about to conclude the meeting. と言い換えることができる。

Lesson 30

Focus on Idioms

🔟 That's it. ではそういうことで、じゃ終わりにしよう

That's it then. Thank you, everyone.
（じゃあ、終わりにしましょう。皆さん、お疲れさま）

これだけだと物足りない感じがするのか、たいてい then（それでは）を付けて That's it then. という形で使う。発音の強勢（アクセント）は it に置く。なお、この That's it. は以下のとおり、a）失望をにじませたり、b）「たったそれだけ」と簡単であることを強調したり、c）憤慨していることを表したりするとき、あるいは、d）答えがわかって「そのとおり」と言いたいときにも使える。こうした場合には、That's it then. と then はいっしょに使わない。

a) I'm almost bankrupt. I lost my savings in the stock market. That's it.
（破産寸前だ。株で貯金をなくしてしまった。そういうこと）

b) To start setting up your tablet, just touch this button. That's it.
（タブレットの設定を始めるには、このボタンを押すだけ。それだけのことさ）

c) I'm leaving. That's it! I'm not putting up with this any more.
（帰る！　いい加減にしろ！　これ以上我慢できるもんか）

d) A: I can't remember her name. B: Jane Smith, perhaps? A: That's it! Yeah, Jane Smith.
（A：彼女の名前を思い出せない。B：もしかしてジェーン・スミス？　A：そう、それ！　そうだよ、ジェーン・スミスだ）

225

Lesson 30
Focus on Function

会議をそろそろ終えるときに使えるフレーズ

That's it then. Thank you, everyone.
よし。じゃあ、終わりにしよう。皆さま、お疲れさまでした。

　英語の世界では、相手への気遣いが重視されますから、不意打ちとなるようなこと
は避けられます。そこで、単純な会話でも会議でも、いきなり終わることはなく、前触れとなるようなセリフが使われます。

　会話の場合、いきなり See you. とか Good bye などとは言わないわけで、たいていは訪ねてきたほう、あるいは電話をかけてきたほうからイニシアティブを取って、Right, Okay などで「そろそろ終わりに」と合図し、そこで両者どうしの Good to see you.（お会いできてよかったです）とか、Right. Good-bye.（それでは、失礼します）という段階に入るものです。

　会議なども参加者が複数いるだけで、この終盤のパターンは変わりません。参加者は、So, で「あ、ひと区切りついたんだ」というコンセンサスを感じ取り、次いで、I think we've weighed up the pros and cons（肯定論と否定論を量りにかけた＝メリット・デメリットの議論は尽きたかと思う）を聞いたところで、この言い回しが終盤でしか使われないことから、「ああ、そろそろおしまい」とわかります。

　「ああ、終わりが近づいているんだ」と感じさせる言い回しとしては以下のものをよく使います。

Well, do we all agree? So, it's unanimous. OK, it's decided then.
（では皆さん、よろしいですか？全会一致ということですね。ではこれで決定とします）

I see that the majority is against it. OK, It's decided then.
（見たところ、過半数が反対ですね。では、これで決定とします）

I think that about (=almost) covers it all. Is there anything we have left out?
（そんなところだと思いますが、何かやり残していること、ありましたっけ？）

That's everything on the agenda. Anything else to discuss?
（これで議題はすべて終えましたね。何か他にありますか？）

Any final questions? **Oh, when shall we meet again?**
（最後に何か質問等、ありますか？　そうそう、次はいつですか？）

　会話例での Let's call it a day.（今日はこれで終わりにしよう）と同様、「終了宣言」とわかる言い方としては以下のものが多く使われています。最後に Thank you all very much.（皆さん、ありがとうございます）を入れるのは、「本当に、本当にこれでおしまい」という感じを強調するためでもあります。

So, if no one has anything to add, I think we can stop there. **Thank you all very much.**
（じゃ、何もないようでしたら、これで終わりにしましょう。皆さん、ありがとうございます）

OK. We can finish there. **Thank you all very much.**
（じゃ、これで終わりにしましょう。皆さん、ありがとうございます）

OK. That's it then, ladies and gentlemen. **Thank you all very much.**
（じゃ、これでおしまいですね、ご出席の皆さん。皆さん、ありがとうございます）

DIALOG 音声を聴き取ろう

057

Ted: [To the speaker who has made a proposal] Thank you, Bill. I think he's very clearly s_ o__ his proposal. His idea of "translation earphones" sounds very interesting. N___ t___ we have a full picture of his idea, i_ a_____ h__ a_____ t_ s__ a____ i_ please go ahead.

Emma: Can I go first?

T: Of course, Emma.

E: Bill, I think your "translation earphones" sounds terrific, e_____ i_ t__ the translation can be customized a_____ t_ any language the user chooses. There are lots of translation services o_ t____ but nearly all of them require the user to open an app or look at a screen. I c__'t w__ t_ try out a pair of these translation earphones. It'll be like having a personal interpreter working for me.

Joe: Um, I h__ w__ Bill's s____, a__ I a___ w__ Emma t_ a c_____ e____, but I don't think we should get carried away just yet. There's still a lot of work needed before we can have a finished, marketable product. And then there's the problem of copyrighting the idea. I'm sure far bigger companies than ours will be keen to jump on the idea and make their own versions of translation earphones. So, we have to make sure that we f____ o__ the legal side of things as a first step. Until then we're, f__ l__ o_ a b____ w__, "vulnerable" – vulnerable to the rest of the industry beating us to the punch.

DIALOG   音声を聴き取ろう

059

Ken: So, I think we've weighed up the pros and cons of the plan Ian has p__ f_____, and now it's time to s___ b___ and t____ it o___. Next time we meet—let's see ... the next meeting will be on next Friday—we'll discuss further. OK. So let's call it a day ... before sleepiness c_____ o___ us. It's been a long day. I'm getting tired?—aren't you? Or is it only me?

Mary: Ken! S____ h___.

K: Hey ... l___ w__'s h___. Joe! T____ y__ a__. We were just a____ t_ f_____ o_. I'm glad you've made it. You almost missed this wonderful meeting.

Joe: Well, I didn't.

K: Huh, anyway ... are there any questions? Anything anyone has to say before we really finish? OK. T___ 's i_ t____. T_____ y__, e_____.

M: [to Joe] Joe, why can't you get up a little earlier?

J: I tried everything I could. You know, I have six alarm clocks in my room, all of them with super-mega beeps. There must be something wrong with this system between my ears and brain, because ... I can hear all right. I can hear every single word of Ken's sarcasm.

M: So after the six alarm clocks went off, you were still asleep. You wouldn't have made it here if I hadn't called you.

J: I know. I owe you so much for the hundred phone calls you've given me—just to wake me up.

Chapter 5

交渉で使う
言い回し

The Language of
Negotiations

Lesson 31 ▶ 交渉の準備

Preparing for a Negotiation

061

Ed: So, Ann. How is everything [1] **going along**? You're all [2] **geared up** for the negotiation?

Ann: Um, **I wish I could say yes ...** I've done all the research and preparations, and I think I've [3] **done my best** to be [4] **as thorough as possible**, but I just don't feel right. There is part of me saying, what if I [5] **wind up** making mistakes? What if they say something I'm not prepared for?

E: Ann, if you think you've done everything you can, there's nothing to worry about. Some things are unpredictable. You can't help it. And if they are unpredictable, let them be.

A: Ed, you've [6] **handed over** all the responsibility to me as far as this negotiation goes, but I don't think I can do this. I want to get away from all this.

E: Ann. You know what? It's great you've done your best. That's really great, you know that? You should be proud of yourself just for that. Some people don't even try to do their best—and [7] **to tell you the truth**, I used to be one of them. So just believe in yourself. [8] **I put my faith in** you. You can do it.

A: ...

E: All you have to remember is: be on time, take a deep breath, sit up straight, [9] **take down** notes, and say what you have to say. And just see how things [10] **play out**.

Translation

交渉の準備をする

交渉にこれから出かけようとする部下のアンに、上司のエドがアドバイスの言葉をかけます。

エド:それで、アン、いろいろと進み具合はどうだい？ 交渉の準備、万端？

アン:あの、「はい」と言いたいところなんですが…調べも準備も全てやりました、なるべく完璧になるように、ベストを尽くしたつもりです。でも、何かしっくりこないんです。もしも間違えてしまったらどうしよう、って言う自分がいるんです。もしも、心づもりしていないことを先方が言ってきたら、って。

エド:アン、できることは全てやったと思うなら、何も心配することはないんだよ。予測できないことって、あるんだ。それだけは、どうしようもない。そういう物事が予測できないのだとしたら、予測できないままにしておけばいいんだから。

アン:エド、今回の交渉に関しては、私に全責任を譲ってくれましたけど、私にはこんなこと、無理だと思います。もうこのことからすべて、逃げ出してしまいたいです。

エド:アン。あのね。ベストを尽くしたってすごいことだよ。本当にすごいことなんだ、わかる？ ベストを尽くしたということだけでも、自信を持つべきなんだ。ベストを尽くそうとすらしない人もいるからね―実を言うと、僕こそ、昔はそういう人の一人だった。自分を信じてあげて。僕は、君を信じてるから。君ならできる。

アン:…

エド:覚えておくべきことは、これだけ：時間に遅れないこと、深呼吸すること、姿勢よくすわること、メモを取ること、そして、言わなくちゃいけないことを言ってくること。後は、成り行きを見ればいい。

Vocabulary

negotiation 交渉
preparation 準備、用意
unpredictable 予測不可能な ＊predict「予測する」
responsibility 責任
get away from ~ ～から逃げる
take a breath 深呼吸する
sit up straight 姿勢よく座る

Lesson 31
Focus on Idioms

このダイアログで使われている句動詞・イディオムを解説していきます。

❶ go along （物事が）進行する　= proceed

How is everything **going along**?（全体の進み具合はどうですか）

副詞の along は、進行のプロセスや時間の経過というニュアンスを付加するためによく使われ、How's dinner coming along?（晩御飯の用意、どう？）Things are moving along all right.（万事、順調だ）などと言う。一語動詞で言えば proceed だが、proceed はフォーマルな単語なので妙に気取った感じになる。

❷ gear up 準備を整える　= prepare

You're all **geared up** for the negotiation?（交渉の準備は万端ですか）

装備を取り付けるという意味の動詞 gear に、「準備を整える」というニュアンスの up を付けたもの。この種の up は、I always warm up before I begin to jog.（ジョギングをする前に必ず準備運動をしている）での warm up と同じ。一語動詞で言えば prepare であり、You're all prepared for the negotiation? とも言える。prepare はニュートラルな動詞なので、格別フォーマルな感じはしない。

❸ do one's best 最善を尽くす

I've **done my best**.（最善を尽くしましたよ）

日本語の「最善を尽くす」に相当するフレーズ。「最善中の最善」のような感じで一段と強調したいなら、best の前に very を入れて、I'll do my very best.（最善の最善を尽くします）という言い方もできる。フォーマルな感じにしたいのであれば、do に代えて同じ意味の exert を使って、exert one's best とも言える。

❹ as［何々］**as possible** できる限り［何々］であるようにする

I've been **as thorough as possible**.（できる限り徹底するよう努めました）

このフレーズの作りは、程度を表す副詞 as +その「程度」が「徹底したものである」ことを表す形容詞 as +接続詞 as +（it can be possible を短縮した）possible。
ただし、品詞分解をせず、as X as possible で、〈可能な限り X〉というふうにパターンで覚えたほうが効率的。たとえば、「可能な限り早く」と言いたいのであれば、as soon as possible だし、「可能な限り厚く」なら as thick as possible となる。

❺ wind up doing［何々］ ［何々］**するという結末を迎える**

What if I **wind up** making mistakes?（何かミスをしたらどうなりますか）

同じ意味の句動詞として end up があるが、そこでの up は「完了」を強調しているだけなので、一語動詞で言うなら end。ただ単に end を迎えるというのでなく、「期せずして」「思いがけなく」というニュアンスが伴っている。したがって、会話例の wind up making mistakes も、「そうなるとは限らないが、そういう悪い結果になってしまうかもしれない」という不安を言おうとしている。この wind up は、動詞の ing 形を続ける他、We took a wrong turn and ended up in a bad part of town.（間違った所を曲がってしまい、治安の悪い地区に入ってしまった）のように、前置詞 in を入れてから名詞という用法もある。

234

❻ hand over 委ねる ＝ delegate

You've **handed over** all the responsibility to me.
（全部の責任を持たせてくれましたよね）

動詞の hand だけで「手渡す」という意味があるが、over が付くことで、「相手側に、向こう側に」というニュアンスが強められている。こうした over の使い方は、cross over the border（国境を越える）といった表現にも見られる。一語動詞で言えば delegate だが、この単語は権限を「委譲」するという響きになり、基本的には書き言葉に属する。

❼ to tell you the truth 実を言うと

To tell you the truth, I used to be one of them.
（正直言うと、前は自分もその一人でした）

何か言うにあたって前置き的に使うフレーズ。you を省略して to tell the truth という形でも使われる。バリエーションに Truth be told があり、スティーヴ・ジョブズの有名なスタンフォード大でのスピーチでも使われている。

❽ put one's faith in ［誰々］ ［誰々］を信じる ＝ trust

I **put my faith** in you.（あなたを信じます）

日本語でも誰かを信用するとき、［誰々］に「信を置く」という言い方をするが、それにほぼ対応する言い方。ポイントは、信頼する相手の名前の前に前置詞 in を入れること、それと現在形で使うこと。一語動詞の同義語は trust だが、〈put one's faith in ［誰々］〉は人についてしか使えないのに対して、trust は、I trust his account of what happened.（自分は何が起きたかの彼の説明を信用している）あるいは I trust his judgment.（彼の判断を信用している）というように、人以外のものについても使える。

❾ take down 書く、記録する ＝ write

All you have to remember is this: **take down** notes.
（とにかく、一つだけ覚えておきなさい。メモを取ることです）

一般に、「記録する、したためる」と言うニュアンスで、mark down、put down、write down のように down が使われる。これもその一つで、「取る」という意味の動詞 take を組み合わせることで、「情報を取ってきて、書面に記録する」という意味の句動詞になっている。

❿ play out （事が）運ぶ、展開する ＝ finish

Just see how things **play out**.（とにかく成り行きを見ましょう）

My contract ran out.（契約が切れた）、The money ran out.（お金が尽きた）のように out には「終わる、尽きる」という意味がある。この out に、進行するプロセスの要素がどう「振る舞う」のかを意味する play が組み合わさることで、「（事が）運ぶ、展開する」という意味の句動詞になる。一般的にこういう場合、そのプロセスは緩やかに進むものと想定されている。

Chapter 5　交渉で使う言い回し

Lesson 31
Focus on Function

I wish I could say yes ...
あの、「はい」と言いたいところなんですが…

　コミュニケーションでは、単に情報／コンテンツのやり取りがうまく行けばいいというものではありません。コンテンツを伝達する際には相手に対する気遣い、聞き手本位の姿勢が求められるということです。

　こうした暗黙の了解があるので、インターラクション（会話の当事者間のやり取り）では「折り目正しさ、気遣いから来る感じの良さ」すなわち politeness が強調され、その具体的表れとして、tentative ということが言われます。

　この tentative にはうまい訳語がないのですが、決めつけた感じになる確定的な言い方とならないよう、あえて「不確定的」にすることを言います。そして、なぜ不確定的なほうがいいかと言えば、それは相手のメンツをつぶす危険が薄らぐからです。

　たとえばダイアログに出てくる I wish I could say yes.（「はい」と言いたいところですが）などは、気を使う必要がなければ、I want to say yes, but I can't.（「はい」と言いたいですが、それは無理です）で十分です。しかし、I want ... より丁寧な、I would like to say yes, but I can't. をもう一段控えめにするため、「本当なら Yes と言えればなあと願っているのですが」という形にして、直接性を薄めて、丁寧な感じを出しています。

断定調を避ける第一の方法は、should や would を使うことです。

「ターゲットを下げましょう」と言いたい場合、一番簡単なのは、

　　We need to lower the target.（ターゲットを引き下げる必要があります）

ですが、「こうしたらどうでしょう？」と控えめに言うときの定番、I wonder if we should を使うと、印象ががらりと変わってきます。

　　I wonder if we should **lower the target.**
　　（ターゲットを引き下げるというのはどうだろうかと考えます）

236

　ここでのポイントは、if 節の中で使う助動詞に will、would、shall ではなく should を使うことです。

would の場合、一番簡単な使い方は want と言いたい場合にとにかく would like に言い換えることです。

What we would like (× What we want) to achieve from this meeting is to get a clearer idea about product specifications.
(この会議で達成したいのは、製品規格についてより鮮明なイメージを描けるようにすることです)

We would like (× We want) to know what you hope to achieve in order to plan effectively.
(効果的な計画を立てられるよう、御社がどういうことを達成したいのかを知ることができればと思っています)

Something else we would like (× we want) to achieve is to agree on a preliminary schedule.
(もう一つ、やっておきたいのは、暫定的スケジュールを合意することです)

We would also like (× We also want) to talk about payment terms.(支払い条件についても話ができたらと思っています)

We would like (× We want) to better understand and meet your needs.
(御社のニーズをよりよく理解し、お応えできればと思っています)

　第 2 の方法は、疑問文を使うことです。この場合、will の弱い形であり、より丁寧な感じが出る would を以下のように使うと一段と効果的です。

Is there any advantage in lowering the target? → Would there be any advantage in lowering the target?
(ターゲットを引き下げた場合、何かメリットがあるでしょうか?)

Does that meet your needs? → Would that meet your needs?
(それで御社のニーズにおこたえできるでしょうか?)

Is that acceptable to you? → Would that be acceptable to you?
(ご了承いただけますでしょうか?)

この他、会話例で出てくる、What if ... ? のように仮定で話を進める例もやはり相手への気配りの表れです。直接ネガティブなことを言って相手を面食らわせるのでなく、不確定的なもの言いを通じて、やんわりと相手を打診し、相手への気遣いを見せているのです。

Lesson 32 ▶ 主張を明確にする

Clarifying Position

063 🔊

Alan: I want you to know that we all love Poga. Poga is an exceptional restaurant. [1] There's no doubt about that. I still remember when it opened its doors in our building 10 years ago … it was really [2] the talk of the town. And we really appreciate that you've always paid your rent [3] on time [4] as long as 10 years. But … let me get straight to the point. We want the space back. [5] We have no wish to renew your lease contract. We'd appreciate it if you could consider it before the contract [6] runs out next July.

Meg: Uh … **there are a couple of things I'm not quite sure about.**
[7-1] One: Have you completely ruled out the possibility—I mean, the possibility of renewing the contract? Or [8] is it still in our hands to make a final decision, whether to renew or not?
[7-2] Two: Why do you want the space back now? Are you planning to build more convenience stores? You haven't explained that part yet.

A: Oh, that was exactly what I was going to do. Well, three years ago, we set up a subsidiary dedicated to education of children in difficult circumstances. It [9] set about the mission of educating children under 18, and having them ready to work or go to college. And we need space for their education. Education doesn't [10] "pay off" in the ordinary sense of the words. But we're certain it will pay in the end. We want to work for a better future.

Translation

効果的に主張する

レストラン「ポガ」の経営者メグは、ビルの持ち主アランと契約更新の話をしています。

アラン:「ポガ」のことは、われわれ皆、大好きなんですよ、それはわかっていただきたい。ポガは、まれに見るレストランです。それについては疑いの余地はない。弊社のビル内で 10 年前、オープンしたときのことを未だに覚えていますよ…本当に、町中の話題でしたよね。それから、10 年もの間、賃料を滞りなく支払ってくださったことは本当に感謝しています。しかし…単刀直入に申しましょう。あのスペースを返してもらいたいのです。御社との賃貸契約を更新するつもりは当方にはございません。この件につき、来年の 7 月に契約が切れるまでに、ご検討いただけますでしょうか。

メグ:あの…今ひとつわからないことが 2 つあるのですが。第 1 に:契約を更新する可能性のことですが、その可能性を完全に排除なさっていますか。それとも、更新するか否か、最終的に決定する権利はわれわれにあるのでしょうか。第 2 に:なぜいまさらあのスペースを取り戻したいとお考えなのですか。コンビニをさらに立てるおつもりなのでしょうか。その辺り、まだご説明いただいていませんが。

アラン:ああ、まさに、そのことをご説明しようと思っていたんですよ。実は、3年前、弊社は、厳しい状況下にある子どもたちを教育することを専門とする、子会社を作りましてね。18 歳未満の子どもを教育して、仕事に就いたり大学に行ったりできるようにしてやる、というミッションに取りかかりました。そして、そのような子どもたちを教育するためのスペースがほしいのです。教育というものは、普通の意味で言うところの「元を取る」ということはできません。しかし、最終的には、必ず報われると信じています。より良い未来のために努力したいのです。

Vocabulary

exceptional	非常に優れた、例外的な
renew	更新する
lease contract	賃貸契約
rule out	除外する、不可能にする
possibility	可能性
subsidiary	子会社
dedicated to ~	～に専心する
ordinary	普通の、平凡な

Lesson 32
Focus on Idioms

064

このダイアログで使われている句動詞・イディオムを解説していきます。

❶ There's no doubt about that. 疑いの余地がない

There's no doubt about that. (それについては疑う余地ないね)

主語を I にして、I have no doubt (=am certain) that it's an exceptional restaurant. という言い方をしても同じだが、上の例文のほうが一人称がない分、客観的な感じを出せる。

❷ the talk of the town うわさになっている、評判になっている

It was really **the talk of the town.** (それ、みんながうわさしていたよ)

ここで言う town は everybody、すなわち人々一般のことで、この表現は、新しい店がオープンしたときなどに使う「うわさの、評判の」に相当する。単に過去や未来だけでなく、... is becoming the talk of the town のように、「評判になりつつある」という意味の進行形でも使える。ポイントは、talk、town のいずれにも定冠詞がつくこと。

❸ on time 期限どおりに、時間どおりに

You've always paid your rent **on time.**
(いつも期限内に賃料を納めてくれましたよね)

紛らわしいのが in time。on time が「刻限どおり」であり、支払い期日が 3 月 10 日なら、早過ぎても遅過ぎてもいけないのに対して、in time は基準時よりも前で、余裕を残している。in time を使う場合は、たいてい I'll be home in time for dinner. (夕食に間に合うように帰るよ) や We need to get to the airport in time to meet them. (彼らを出迎えるのに間に合うように空港に行かなくちゃね) のように、後に何か言葉を続ける。

❹ as long as X years X 年もの間

You have always paid your rent on time **as long as 10 years.**
(10 年もの間、いつも賃料を滞りなく支払ってくださっていますよね)

この as long as は「何々である限り」の用法ではなく、「～もの長い間」といった時間の長さを表す言い方。X の後ろを hours にすれば as long as X hours で「X 時間もの間」。months なら as long as X months で「X カ月もの間」となる。

❺ have no wish to do [何々] [何々] するつもりがない

We **have no wish to renew** your lease contract.
(御社との賃貸借契約を更新するつもりはありません)

We don't want to を丁寧にした言い方。We don't want to renew your lease contract. と言うと「賃貸契約を更新したくありません」という直接的な物言いになるが、例文の言い方にすれば、「更新するつもりはございません」と一段と響きが丁寧になる。

❻ run out (契約などが) 切れる、失効する、期間が満了する = expire

The contract **runs out** next July. (この契約、今度の 7 月で期限が来ます)

「もう時間がない」は We're running out of time. と言うが、その応用で、たとえばビザ の有効期間がとうとう切れたなら My visa has run out. と言ったりする。一語動詞で言え ば expire であり、The contract expires next July.（その契約は来年の7月に期間満了 となる）のようにも言えるが、run out と比べると expire はフォーマルで、実際、契約書で はこの言葉が使われる。

ここでの out は、燃えるものがなくなって鎮火するときの burn out での out と同じ。

❼ One, two ...　第1に…、第2に…

One: Have you completely ruled out the possibility — I mean, the possibility of renewing the contract?

Two: Why do you want the space back now?

（第1に、契約を更新する可能性ですが、その可能性は完全に排除なさってますか？　第2に、な ぜいまさらあのスペースを取り戻したいとお考えなのですか？）

Focus on Function でも取り上げるが、英語圏の人、特にアメリカ人は、理由などを挙げ る際に I hate fish because one, I don't like the fishy smell, and two, it has lots of bones and that makes it difficult to eat.（魚は嫌いだ。第1に、魚臭いのが嫌だ。 第2に、骨が多くて、食べるのに苦労する）というように、〈自分はこう考える／感じる+ because one ... and two〉というパターンを使う人が多い。

❽ be in one's hands　決定権が［誰々］にある

It's in our hands to make a final decision.

（最終的な決定をする権限はこちらにあります）

「決定権が［誰々］の手にある」ことを言う言い方。この表現のポイントは、何の決定権か という点が to 不定詞以下で表されていること。使う動詞は be 動詞に限られず、I felt it best to put the matter in her hands.（この件は彼女に委ねるのがベストだと思った） あるいは She has the whole project in her hands.（プロジェクトは彼女が一切を取り 仕切っている）のように、in someone's hands と組み合わせて have や put も使われる。

❾ set about　とりかかる、始める　= begin

As you know, we set about educating children under 18.

（ご存じのとおり、18歳未満の子どもたちへの教育に取りかかりました）

bring about a change（変化を起こす）、come about through a mistake（間違いか ら起きる）などにも登場する「何かを引き起こす、もたらす」という意味の about と、「スター トする」という意味の set が組み合わさった句動詞。一語動詞で言えば begin で、もっと フォーマルに言うなら initiate。ダイアログでは mission という名詞で受けているが、set about educating（教育を始める）のように動詞の ing 形で受ける例も多い。

❿ pay off　元が取れる

Education doesn't pay off.（教育というものは採算が取れるものではありません）

Writing books doesn't pay.（物書き稼業は元が取れない）という言い方に見られるよう、 動詞 pay には投下元本を回収する、いわゆる「ペイする」という意味がある。この意味の pay に、bring off a deal（取引を無事まとめる）という表現にも見られる「完了、終了」 というニュアンスの off を付けた句動詞。完全に対応する一語動詞はないが、be profitable （採算が取れる、利益が出る）で代えることができる。

Lesson 32
Focus on Function

There are a couple of things I'm not quite sure about. One: … Two:…

ちょっとわからないことが 2 つあるのですが。第 1 に…。第 2 に…。

子どもの頃から、Show and tell. という形で一種のミニプレゼンで発表することに慣れているアメリカ人は、たいした話でなくても、いかにも理路整然という感じでものを言います。

そうしたスキルを支えているもののひとつに、自分がこれから言うことの論理構成を言葉で表しておくというものがあります。たとえば、会話例に出てくる、

There are a couple of things I'm not quite sure about. One: … Two: …
（ちょっとわからないことが 2 つあります。第 1 に…。第 2 に…）

などというのはその典型です。

質問が 2 つという場合、One question is... The other question is … という組み立て方もできます。また、その際、質問が 2 つであることを明確にするために、Two questions keep coming up. のように質問数を入れた表現を冒頭に入れることもできます。ただし、会話例の a couple of things のような曖昧な表現を使ったほうが、対立調となるのを避けるために効果的と言えます。

Actually, two questions keep coming up. One question is whether the contract is not renewable at all. The other question is why the urgency?
（実のところ、2 つの疑問が頭から離れません。一つは、契約更新の可能性がまるでないかという点です。もう一つは、なぜこんなに急がねばならないなのかという点です）

*ポイントは、is の後ろに what、whether、how、why といった wh- で始まるセンテンスで続けることです。

こういう質問形式以外でよく見聞きするのが、自分のロジックをあえて2点に絞って打ち出すパターンです。たとえば以下のように、まず「理由は2つです」と言います。その上でひと呼吸おいてから、First ... Second ... と理由を挙げていくのです。（なお、この場合、First や Second の後は、名詞句［名詞プラス修飾語句］だけにしたほうが楽です）

I think it's basically doable, but I have doubts for two reasons: First, lack of funding, and second, time constraints.
（基本的にはできると思います。ただ、2つの理由で疑問が残ります。一つは、資金の手当がされていないこと。もう一つは、時間的制約です）

この場合、以下のように (a)、(b) と数え上げる話し方もありますが、この話法を使う人はなぜか指折り数えながら「エイ」「ビー」と言ったりします。
We have to consider two factors: (a) the accuracy of information, and (b) the quantity of information.（2つの要因を考慮すべきでしょう：(a) 情報がどの程度正確なのか、そして、(b) 情報の量がどの程度なのか、です）

More Tips

話し言葉ではネイティブは何でも There's で済ませているので、結構疑問文の場合に失敗するもので、特に不可算名詞を使うときの失敗が目につきます。

× Is there any questions?／○ Are there any questions?
（何かご質問は?）

× Is there any specific reasons this can't be completed in time?
○ Are there any specific reasons this can't be completed in time?
（時間通りに完了できない具体的な理由があるのでしょうか?）

× Are there any gas left in the tank?／○ Is there any gas left in the tank?
（タンク内にガスは残っていますか?）

DIALOG 音声を聴き取ろう

061 🔊

Ed: So, Ann. How is everything g____ a____? You're all g_____ u_
   f__ the negotiation?

Ann: Um, I w__ I c____ s__ y_ ... I've done all the research and
   preparations, and I think I've d___ my b__ to be a_ t_____ a_
   p_____, but I just don't feel right. There is part of me saying,
   what if I w___ u_ making mistakes? What if they say something
   I'm not prepared for?

E: Ann, if you think you've done everything you can, there's nothing
   to worry about. Some things are unpredictable. You can't help it.
   And if they are unpredictable, let them be.

A: Ed, you've h_____ o___ all the responsibility to me as far as this
   negotiation goes, but I don't think I can do this. I want to get
   away from all this.

E: Ann. You know what? It's great you've done your best. That's
   really great, you know that? You should be proud of yourself just
   for that. Some people don't even try to do their best—and t_ t__
   you the t____, I used to be one of them. So just believe in
   yourself. I p__ my f___ i_ you. You can do it.

A: ...

E: All you have to remember is: be on time, take a deep breath, sit
   up straight, t___ d____ notes, and say what you have to say. And
   just see how things p___ o__.

244

DIALOG 音声を聴き取ろう

063 🔊

Alan: I want you to know that we all love Poga. Poga is an

exceptional restaurant. T____'s n_ d____ a____ t__. I still

remember when it opened its doors in our building 10 years ago

... it was really the t__ o_ t__ t____. And we really appreciate

that you've always paid your rent o_ t___ a_ l___ a_ 10 years.

But ... let me get straight to the point. We want the space back.

W_ h__ n_ w__ t_ renew your lease contract. We'd appreciate

it if you could consider it before the contract r___ o__ next July.

Meg: Uh ... t___ a_ a c____ of t____ I'_ n_ q__ s__ a____.

O__: Have you completely ruled out the possibility—I mean, the

possibility of renewing the contract? Or i_ i_ s__ i_ our h____

t_ make a final decision, whether to renew or not? T__: Why do

you want the space back now? Are you planning to build more

convenience stores? You haven't explained that part yet.

A: Oh, that was exactly what I was going to do. Well, three years ago,

we set up a subsidiary dedicated to education of children in

difficult circumstances. It s_ a____ the mission of educating

children under 18, and having them ready to work or go to college.

And we need space for their education. Education doesn't "p__

o__" in the ordinary sense of the words. But we're certain it will

pay in the end. We want to work for a better future.

Lesson 33 ▶ 合意への障害を取り除く

Removing Obstacles to Agreement

065 🔊

Alan: Well, once you start educating someone, [1] there's no turning back. We' [2] re ready to take the responsibility for the children. That's why we want the space back.

Meg: Well, **I think I understand your mission**—or your subsidiary's, rather—and, as far as I can understand, I think it's wonderful you're determined to contribute to society. But [3] at the same time ... I [4] find it difficult to [5] take in what you've just said, primarily because it's too abrupt. All your explanations sound like you're [6] putting pressure on us not to renew the lease. Why does it have to be that building anyway? You have [7] dozens of buildings, and even if you wanted to [8] take that building back [9] in particular, why would we have to leave? We can provide good food for children.

A: Well, [10] to answer your first question, yes, it has to be that building, because of its location. It's right in front of the Green Park station, which is, as you know, one of the biggest terminals in the city. Children travel by rail to attend classes, which will take place in that building. And as for the second question, our plan is to have a low-cost eatery in the building so that children won't need to spend too much money on food. My understanding is that your specialty is high-quality cuisine, not cheap stuff.

M: Suppose we were capable of providing what you call "cheap stuff"—would that change our situation in any way? I'm not saying that we will do it. I just want to consider every possible option.

Translation

問題点を明らかにする

ビルの賃貸契約の更新についての話し合いが続いています。

アラン：まあ、誰かの教育を始めたら、もう後にはひけませんからね。子どもたちに対して、責任をとる覚悟があるんです。だからこそ、あのスペースを取り戻したい。

メグ：いえ、御社の―と言いますか、御社の子会社の―ミッションは理解しているつもりです、そして、私が理解する限り、社会に貢献する固い決意がおありとのこと、すばらしいと思います。しかし、一方で…たった今おっしゃったことをすぐさま理解するのは難しいと感じます、理由は何よりも、お話が急過ぎるからです。説明してくださったことは全て、賃貸契約を更新しないよう、われわれに圧力をかけていらっしゃるかのように聞こえます。そもそも、なぜあのビルでなければいけないのですか。ビルをたくさんお持ちですよね、そして、もしもあのビルを特別に取り戻したいのだとしても、なぜわれわれが出ていかなければならないのですか。われわれだって、子どもたちに良い食べ物を提供できますよ。

アラン：えー、まず最初のご質問にお答えしますと、はい、あのビルでなければいけないのです、ロケーションの問題で。グリーンパーク駅の真ん前にありますよね、ご存じのように、あの駅は、街の中でも最大のターミナルのひとつでして。子どもたちは、クラスを受けるために電車で通うのですが、そのクラスというのが、あのビルで行われることになるのです。そして、2つ目のご質問ですが、われわれのプランとしては、あのビルに低価格の食堂を入れようと考えています、子どもたちに食費をあまりかけさせないためにね。私の理解では、御社の得意分野は、高級料理であって、安物じゃない。

メグ：われわれが、あなたが言うところの「安物」を提供することが可能だったとしたら―われわれが今置かれている状況は少しでも変わりますか。われわれが「安物」を絶対に提供する、と言っているわけではありません。可能な選択肢は、全て検討したいだけです。

Vocabulary

mission 使命
rather もっと正確に言えば、正しくは
contribute 貢献する
primarily 主に
abrupt 突然の、急な
by rail 電車で
eatery 食堂
option 選択肢

Lesson 33
Focus on Idioms

このダイアログで使われている句動詞・イディオムを解説していきます。

❶ There's no turning back. 後には引けない

Once you start educating someone, **there's no turning back.**

(いったん誰かの教育を始めたら、もう後には引けません)

普通の会話では「さいは投げられた」(The die is cast.) と言うとおおげさに聞こえるので、代わりに使われる日常会話版がこれ。「いまさら、ここまで来たら」ということを足して言いたいなら、There's no turning back on this point. と言う。

❷ be ready to do［何々］ ［何々］する覚悟がある、用意ができている

We're ready to take responsibility for the children.

(私たちは、子どもたちに対しての責任をとる覚悟があります)

「すぐにでも、すぐさま」というふうにスピードを感じさせる言い方。If you need me, I'm ready to help.（必要ならいつでもお手伝いしますよ）と普通に使える一方で、She's always ready to criticize.（彼女は何かにつけてすぐケチを付ける）のようにネガティブな言い方にも使える。

❸ at the same time 一方で、他面

At the same time ... I find it difficult to take in what you've just said.

(同時にですよ、今、おっしゃったこと、ぱっと飲み込むのがちょっと難しいと感じております)

何か言ってから、「その一方で、これも考える必要がある」と、別の話を追加して持ち出すときの決まり文句。ここでの例のように通常は but とセットで使い、何か言ってから、But at the same time ... と続ける。同種の表現としては、「それはそうとして、それはともかく」という意味合いの be that as it may がある。

❹ find it difficult to do［何々］ ［何々］するという点について、理解に苦しむ

I **find it difficult to take** in what you've just said.

(今、おっしゃったことを理解するのが難しいと感じています)

この構文の基本は SVOC 型で、I (=S) find (=V) it (=O) difficult (=C) という基本部分に続いて、何が difficult なのかを to 不定詞以下で説明している。この〈I find it ＋形容詞＋to do［何々］〉は、ややフォーマルな響きがあるものの、「あくまで自分の見方であって、決して押し付けようなんて思っていませんよ」という遠慮が感じられる。

❺ take in 把握する、飲み込む ＝ absorb

I find it difficult to **take in** what you've just said.

(今、おっしゃったことを理解するのが難しいと感じています)

相手が何を言っているかを形式的に理解するのみならず、その実質的な意味まで「吸収して」把握することを言う。実際、これに相当する一語動詞は、簡単に言えば understand であるが、もっとフォーマルに言いたければ absorb であり、I find it difficult to absorb what you've just said. と言い換えることもできる。ただし absorb は基本的に書き言葉なので、日本語で言えば「承知」のような硬い感じになる。

❻ put [何々] on [誰々]　[誰々] に [何々] を与える、かける

You're putting pressure on us not to renew the lease.
（賃貸借契約を更新するなって、こっちに圧力をかけてません？）

Teaching to the test puts a lot of pressure on teachers.（受験に備えての指導は教師に大きな圧力を加えることになる）のように「何かが誰々に影響している」という意味で put on を使うときは、〈put something on someone〉がパターン。この会話例でのポイントは、圧力を受けている相手を指すため前置詞 on を使うこと。そして、どういう圧力かという内容を言うためには to 不定詞を使うこと。

❼ dozens of　たくさんの、いくつもの

You have dozens of buildings.（いくつもビルをお持ちじゃないですか）

very many をインフォーマルにした言い方。フォーマルな書き言葉にするなら numerous。文字通りに解釈すると「1 ダースの何倍もの」ということになるが、実際は「何百」とまではいかない程度の多さを指し、Jill has had dozens of boyfriends.（ジルはこれまで何人ものボーイフレンドと付き合ってきた）のように使われる。

❽ take [何々] back　取り戻す　= recover

We want to take that building back.（こちらとしては、あのビルを取り戻したいんです）

「取る」という意味の動詞 take に、「元あったところへ」（ここでは家主の下へ）という意味の副詞 back がセットになっている句動詞。こういうニュアンスで使われる back は、give back（返す）、hand back（預かったものを返す）、send back（返送する）などにも見られる。このダイアログでのように、take back の目的語が既に話に出ており、「どれのことか」わかっているときは、〈take [何々] back〉というふうに動詞と副詞の間に目的語をはさむ。一語動詞で言えば recover だが、この単語を使うとフォーマルな書き言葉になる。

❾ in particular　特に、（いくつかある中での）特別な

It has to be that building in particular.（特にあのビルじゃないとダメなんです）

There was one particular building that caught my attention.（特に気になるビルが1つあった）のように、本来は in なしでも使えるが、話している場合は、one building ... hmm ... in particular ... that のように、形容詞の「後づけ」が可能なので重宝される。この他、I like outdoor activities, in particular, exploring beaches.（野外での活動が好きだが、中でも、海岸の探訪が好きだ）のように、いくつかあり得るものを挙げた上で、「中でも…」とさらに特定のものに絞り込むために使う。この場合、particularly や specifically でも置き換えることができるが、後者を使うとフォーマルな感じになる。

❿ to answer one's first question　〜の最初のご質問にお答えしますと

To answer your first question, yes, it has to be that building.
（最初の質問にお答えしますと、はい、あのビルじゃないとダメなんです）

質問に答えるに当たり、一種の時間稼ぎをするためによく使う前置き。相手の質問が2つなら、ここでのように、to answer your first question という前置きを使ってから、回答を述べ、次いで、to answer your second question ... と展開できる。この場合、to answer your first question, which was ... と言って、相手の質問内容を自分の言葉で置き換えて言うと、聞いている相手も話を見失わないで済むし、本人も頭の中を整理できてよい。

Focus on Function

方向感を打ち出す前置き

I think I understand your mission.
御社のミッションは理解しているつもりです。

　普通の会話でも、たとえば、ネガティブなことを言う場合は、I'm afraid で始めて、ちょっとした前置きを入れます。これが交渉のように、単に言葉を知っていればいいというものでなく、それなりの運用能力が要求される場では、ことが微妙であればあるほど、相手への気遣いから持ってまわった前置きが入るものです。

　この会話例を見ても、「本題」に入るまえに、以下のような（コンテンツ的にはなくてもいい）前置きないし予告が入っています。

I think I understand your mission ...
（御社のミッションは理解しているつもりです）

I think it's wonderful you're determined to contribute to society.
（社会に貢献する固い決意がおありとのこと、すばらしいと思います）

to answer your first question（まず最初のご質問にお答えしますと）
as for the second question（2 つ目のご質問ですが）

　こういうフレーズがあるおかげで、相手も、相手の次の発言がどの方向で展開するのか予想でき、相互のインターラクションも安定したものとなります。こうした見地から言えば、以下のように、相手の説明を確かめるときの前触れと、自分の説明が足りないと感じて言い直すときの前触れには決まった言い方があるので、知っておくと便利です。相手の説明を理解できたか確かめるためには、よくこういうフレーズを使います。

So, in other words, you think it's too soon to come to a conclusion.
（ということは、言葉を換えて言えば、結論を出すのは時期尚早とお考えなんですね）

So, you think that we're just making a change for the sake of change.
（ということは、改革のための改革をやっているにすぎないとお考えなんですね）

So, you mean that **haste makes waste.**
(ということは、急ぐとろくなことがないということですね)

If I understand you correctly, you're saying that **cost-benefit analysis often overlooks long-term benefits.**
(私の理解に間違いがないとして、費用効果分析は結構長期的効果を見落としがちだとおっしゃっているわけですね) ■ overlook　見落とす、見過ごす

　一方、自分のほうから舌足らずだったかなと感じて言い直すときの前置きとしては以下のものをよく聞きます。

Sorry, let me rephrase that. **This is obviously a stop gap measure. There may be unintended consequences of such a short-sighted decision.**
(失礼、言葉を換えましょう。これは明らかに一時しのぎです。こうした近視眼的決定から予期しない結果が生まれることもあるのではないでしょうか)
■ rephrase　言い直す、言い換える　consequences　結果、なりゆき

Sorry, what I meant was that **the proposed measure should be subject to revision after a certain period of time.**
(失礼、申し上げたのは、提案されている措置は、一定の期間を経た後、見直されるべきということです) ■ measure　行動、処置、方策、手段

Sorry, here's my point. **Time is more valuable than money. You can always get more money, but you can never get more time.**
(失礼、言いたかったのはこういうことです。時は金以上に価値があると。つまり、お金はいつでも増やすことができるけれど、時というものは決して増やせるものではないと) ■ valuable　高価な

Perhaps, I haven't made myself clear. What I meant to say was that **time is money when you talk with lawyers. They bill in six minute increments.**
(もしかして舌足らずだったようです。申し上げたかったのは、弁護士と話をするときは、時は金なりだということです。弁護士というのは 6 分単位で請求してきますからね) ■ increment　増量、増加

　高度のコミュニケーションスキルに属する交渉でのやり取りでは、(言わなくても通じるという意味で)直接コンテンツに関わらない以上のようなフレーズが随所に使われているものです。いずれも、人間関係を重視しての、インターラクションのためのもので、コンテクスト(言語の使用環境)に即して微調整することが、いかに大事かがわかります。

Lesson 34 ▶ 交渉を終える

Concluding a Negotiation

067

Alan: So ... ¹for our part, and ²for the time being, I think everything has been covered. Well, as you suggested before, perhaps we could ³meet up a week from now—and talk again. What do you think?

Meg: Sure. No problem. Let's do that. We're done for now.

A: Great. My assistant, Lucy, will send you a written summary of our talk today right away.

M: Thanks. And we'll sort out the details then—where and when to meet, etc.

A: Good. So, we're looking forward to seeing you next week.

M: We're looking forward to having a fruitful discussion. See you then.

John: [Alan and his assistant leave] Meg, I liked that. A "fruitful discussion." I hope Alan got your sarcasm. **What you were saying, in effect, was,** "Your argument that the contract can be ⁴broken up into three phases is unrealistic." Right?

M: I wasn't being sarcastic. I did mean it.

J: Oh, oh, oh ... you know, I have this special gift for ⁵picking out a liar. Did you see the way he left the room? The way he ⁶walked on without looking back is a typical sign of a liar. Everything he said today is crap! Like ... why have they been ⁷holding out on us about this education all these years? Are they ⁸pulling back from the convenience store market?

M: Just ⁹wait and see how things pan out. If we should ever have to leave that building, we'll just face the reality. A better opportunity will ¹⁰turn up, and we'll hold on to it.

Translation

交渉をまとめ終了させる

交渉を終えて、今回の交渉のまとめをしている場面です。

アラン:それでは…わが社に関して言えば、そして、差し当たっては、お話しすべきことはすべてカバーしたかと思います。えー、先ほどご提案下さったように、1週間後にお会いして―また話を進める、というのはいかがでしょう。どう思います？

メグ:いいですよ。問題ありません。そうしましょう。われわれのほうも、とりあえずは全てカバーしましたから。

アラン:よかったです。私のアシスタントのルーシーが、今日の話をまとめて文書にしたものを、すぐにお送りします。

メグ:ありがとう。それをいただいてから、詳細を―いつどこでお会いするか、などを、取り決めましょう。

アラン:いいですね。それでは、来週お目にかかることを楽しみに。

メグ:実りある話し合いができることを、楽しみにしています。では、また。

ジョン:［アランとルーシーが出て行く］メグ、あれ、いいねえ。「実りある話し合い」。アランのヤツ、メグの皮肉をわかってくれてるといいけど。あれ、「あなたが言っている契約を三段階に分けるのは非現実的」という意味なんでしょ？

メグ:私、皮肉なんか言ってないわよ。本気で言ったんだから。

ジョン:おやおやおや…あの、僕、うそつきを見分けることのできる、特別な才能を持ってるんですよ。ヤツが部屋を出たときの格好、見ました？ 振り返りもしないで歩き続けたあのやり方が、うそつきの典型的なしるしなんですよ。今日アイツが言ったことはゴミみたいなたわごとでしょ！ たとえば…なんでアイツら、例の教育のこと、こっちに今までずっと隠してたんですかね。コンビニ市場から撤退するんだろうか。

メグ:ま、どうなるか、様子を見ましょう。万が一、あのビルを出て行かなくちゃいけないにしても、その現実を受け止めるだけよ。もっといいチャンスが訪れるわ、そうしたら、それを逃さなければいいのよ。

Vocabulary

fruitful　実りある
phase　段階
unrealistic　非現実的な
sarcastic　皮肉っぽい
liar　うそつき
crap　たわごと、くず
pan out　結局～となる
hold on to ~　～を手放さない

Lesson 34
Focus on Idioms

(068) 🔊

このダイアログで使われている句動詞・イディオムを解説していきます。

❶ for our part　私どもに関しては

For our part, everything has been covered.
（こちらとしては、お話しすべきことはすべて申し上げたつもりです）

言外に、「他の方は違う意見かもしれないけれど」という意味が読み取れるフレーズで、なくても通じるが、これを入れることで、控えめな気持ちが表される。典型的な言い換えは、as far as we're concerned（私どもの立場からは）。個人の発言であれば personally で置き換えることも可能。

❷ for the time being　差し当たり

For the time being, everything has been covered.
（差し当たっては、すべてお話しできたかと思います）

何か事情が変わらない限りは、「当面、差し当たり」という意味のフレーズで、「ただ、まだ改善点や、やることが残っている」という感じがある。これに代えて、for the present（現時点では）、so far（これまでのところ）を使っても同じ。

❸ meet up　会う　= convene

Perhaps we could **meet up** a week from now.
（どうでしょう、1週間後にまた会うというのは）

副詞なしの meet だけでも用は足りる。しかし、team up（チームを組む、協力する）での up と同じで、up があることで「寄り合う、手を結ぶ、結束する」というニュアンスが付加され、インフォーマルな感じも強まるので、話し言葉では meet 単体より気楽に使える感じになる。逆にフォーマルにするのであれば、convene を使える。

❹ break up　分ける、分割する　= divide

The contract can be **broken up** into three phases.
（この契約は3つの局面に分けることができます）

動詞の break は「分ける、分割する」という意味で、これまた、基本的に分割を強調する up が付いている句動詞。こういう「分割」の up は、chop up a piece of meat（肉ひと切れを切り刻む）、slice up a pie（パイを切り分ける）などに見られる。

❺ pick out　探り当てる、見分ける　= spot

I have this special gift for **picking out** a liar.
（うそつきを見抜くのは特技なんです）

「取り上げる、摘む」という意味の動詞 pick に、「探す、見付ける、取得する」というニュアンスの out を付けた句動詞。こういった out の使い方は、find out a solution（解決策を見付ける）、figure out the cause（何が原因か見当をつける）などにも見られる。

❻ walk on　歩き続ける　= continue to walk

The way he walked on without looking back is a typical sign of a liar. (あの後ろを振り返らずに歩くってのは、あれは典型的なうそつきの仕草だよ)

通常の「歩く」という意味の動詞 walk に on を付けると、「そのまま歩き続ける」というニュアンスになる。こうした継続性を強調するための on は、The meeting dragged on. (会議は延々と続いた) や I have a cold but I have to press on with my work. (風邪をひいているけど、この仕事中断するわけにいかない) でも見られる。

❼ hold out on［誰々］　［誰々］に隠す　= withhold

They have been holding out on us about this.
(先方は、私たちにこの件をずっと黙っていたんです)

典型的には、〈hold out［何々］on［誰々］〉という形で、「［誰々］に対して［何々］を隠す」という意味で使い、「何か隠しているんじゃないの?」と相手を追及するようなときに、Are you holding something out on me? What's going on? (何か隠している? どういうこと?) と言ったりする。会話例の場合、次に教育事業を話題にして話を進めるときは、Why have they been holding this on us? のように this で置き換えて、holding と on の間に入れることができる。一語動詞で言えば、やや響きが硬い withhold を使えるが、その場合は、相手を指す名詞の前に from を置く。たとえば、Are you withholding something from us? (何かわれわれに隠しているんじゃないか?)。

❽ pull back　撤退する　= withdraw

Are they pulling back from the convenience store market?
(あの会社、コンビニ市場から撤退するのかなあ)

日本語の「引き」(pull)「下がる」(back) つまり「撤退する」に対応する言い方で、「どこから撤退するのか」を言うためには from を使う。ダイアログでも、pull back from the convenience store market となっている。一語動詞としては withdraw を使えるが、この単語はもっぱら書き言葉で使う硬い言葉。

❾ wait and see　様子を見る

Just wait and see how things pan out. (まあ、どうなるか、様子を見ましょう)

直訳すれば「待って、見る」だが、普通は、「様子を見てから決めよう」というときによく使う。これはひとかたまりの形容詞としても使えて、She always takes a wait-and-see attitude. (彼女はいつも様子を見ようとする) という言い方ができる。この他、wait and see は「待ちなさい」という意味でも使い、たとえば子どもが「晩御飯な〜に」と繰り返し聞いてくるときに、You just wait and see. (とにかく待っていなさいって) とたしなめたりする。

❿ turn up　(チャンスなどが) 訪れる　= arise

A better opportunity will turn up. (もっといいチャンスが来ますよ)

「変化する」ことを表す動詞 turn に、「現れる、起きる、(考えなどが) 浮かぶ」というニュアンスの up が付いた句動詞。こうした up は、come up with a compromise (妥協案を考え出す)、cook up an excuse (言い訳をでっちあげる)、think up something innovative (画期的なことを思いつく) でも見られる。一語動詞で言えば arise だが、この単語はもっぱら書き言葉で使うややフォーマルな言葉。

Focus on Function

What...でフォーカスする

What you were saying, in effect, was, ...
実際上、あなたが言っていたのは…

ダイアログの中で、

> **What you were saying, in effect, was, "Your argument that the contract can be broken up into three phases is unrealistic." Right**
>
> (実際上、あなたが言っていたのは、「あなたが言っている契約を3段階に分けるのは非現実的」ということでしょ?)

というくだりが出てきますが、ここでの What 以下は、実質的には、

> **I hope Alan got your sarcasm, <u>when you said, "We're looking forward to having a fruitful discussion."</u> What you were saying, in effect, was, ...**

というように、省略されている下線部を対象としています。

　ここでは、You said X. の X の部分を What you were saying という形で what を使ってハイライトしていますが、これにより、say するという行為とその say の内容の両方を際立たせることができます。

　この例では目的語部分をハイライトしていますが、目的語以外に、行為自体、あるいはセンテンスをまるごとハイライトすることができますので、以下で、手順をまとめておきます。

　たとえば、「先方に契約解除通知を送った」と言いたければ、素直な英語はこうです。

> **We sent a notice of contract termination to them.**

　これを、送った we と目的語の a notice of contract termination の両方

をハイライトしたいのであれば、We sent an X to them. → What we sent to them was an X. という構図に即して直し、こう言います。

What we sent to them was a notice of contract termination.

行為者と行為そのものの2つをハイライトしたいのであれば、do を使って、We sent an X to them. → What we did was send an X to them. とします。

What we did was send a notice of contract termination to them.

さらに、行為者、行為、目的語のすべてを等しくハイライトするのであれば、We sent a notice of contract termination to them. をまるごと that 節に取り込み、こういう言い方をします。

What happened was that we sent them a notice of contract termination.

もちろん、We sent a notice of contract termination to them. は非の打ち所がないものの、いつもこういう感じで書いているようではまさに一本調子です。話し言葉であれ書き言葉であれ、コミュニケーションの真髄はインターラクション（相手とのやり取り）ですから、自分なりに「ここぞ」と思う部分にスポットライトを当てる技術は、自分のニーズに即した英語を使う上で不可欠です。

More Tips

書き言葉では、個々のセンテンスが前後と情報構造の上できちんと「つながっている」かが重要ですが、what で始まるセンテンスを使うとうまくまとめることができます。たとえば何が一番の好物かという話をした後で Sushi is what I like best.（すしが一番の好物です）と締めくくると、what 以下がそれまでの話をすべて集約して継承しているので、これにより「つながり」が確保されています。情報構造的には sushi が初出の新情報で、what 節が旧情報を担っているということです。

DIALOG 音声を聴き取ろう

065 🔊

Alan: Well, once you start educating someone, t____'s n_ t_____ b___. We're r____ t_ take the responsibility for the children. That's why we want the space back.

Meg: Well, I t____ I u_____ y__ m_____—or your subsidiary's, rather—and, as far as I can understand, I think it's wonderful you're determined to contribute to society. But at the s___ t___ ... I f___ i_ d_____ to t__ i_ what you've just said, primarily because it's too abrupt. All your explanations sound like you're p_____ p_____ o_ us not to renew the lease. Why does it have to be that building anyway? You have d_____ o_ buildings, and even if you wanted to t__ that building b___ i_ p_____, why would we have to leave? We can provide good food for children.

A: Well, t_ a_____ y__ f__ q_____, yes, it has to be that building, because of its location. It's right in front of the Green Park station, which is, as you know, one of the biggest terminals in the city. Children travel by rail to attend classes, which will take place in that building. And as for the second question, our plan is to have a low-cost eatery in the building so that children won't need to spend too much money on food. My understanding is that your specialty is high-quality cuisine, not cheap stuff.

M: Suppose we were capable of providing what you call "cheap stuff"—would that change our situation in any way? I'm not saying that we will do it. I just want to consider every possible option.

DIALOG 音声を聴き取ろう

067

Alan: So ... f__ o__ p___, and f__ t__ t___ b___, I think everything has been covered. Well, as you suggested before, perhaps we could m___ u_ a week from now—and talk again. What do you think?

Meg: Sure. No problem. Let's do that. We're done for now.

A: Great. My assistant, Lucy, will send you a written summary of our talk today right away.

M: Thanks. And we'll sort out the details then—where and when to meet, etc.

A: Good. So, we're looking forward to seeing you next week.

M: We're looking forward to having a fruitful discussion. See you then.

John: [Alan and his assistant leave] Meg, I liked that. A "fruitful discussion." I hope Alan got your sarcasm. W___ y__ w___ s_____, i_ e_____, w__, "Your argument that the contract can be b_____ up into three phases is unrealistic." Right?

M: I wasn't being sarcastic. I did mean it.

J: Oh, oh, oh ... you know, I have this special gift for p_____ o__ a liar. Did you see the way he left the room? The way he w_____ o_ without looking back is a typical sign of a liar. Everything he said today is crap! Like ... why have they been h_____ o__ o_ us about this education all these years? Are they p_____ b___ from the convenience store market?

M: Just w__ a__ s__ how things pan out. If we should ever have to leave that building, we'll just face the reality. A better opportunity will t___ u_, and we'll hold on to it.

Chapter 6

プレゼンテーション
で使う
言い回し

The Language of
Presentations

Lesson 35 ▶ プレゼンテーションの準備をする

Preparing for a Presentation

069

Jill: Mark ... Mark! Hello, there!

Mark: Oh my g— Jill! You ¹scared me to death!

J: I just said hello. You were ²spaced out. Are you all right?

M: No! I'm nervous. I have a presentation tomorrow, and I know I'm going to fail!

J: How do you know that? What makes you say so?

M: Because I just know! It's going to be a complete fiasco! I'm going to ³get fired! And I'll starve. I'll have no one to ⁴turn to. Nobody cares about me.

J: Oh, ⁵there you go again ... OK. ⁶Tell me. What's the real problem?

M: You know I'm such a terrible speaker ...

J: I don't think I do. But anyway, carry on.

M: I asked Carl [Mark's boss] **to give me some feedback on my script last week,** and he said yes, but I haven't ⁷heard from him yet.

J: Well, that's very like him, isn't it? He never ⁸follows up on what he says. We'⁹re smart enough to know that. Why don't you ask him again?

M: Well ... I know I'm going to fail anyway. Once on stage, my mind will go blank. I know it.

J: Look, Mark. If anything should happen while you're on stage, if any trouble should ¹⁰break out, no worries. No one would think you're useless just because you stumbled here and there. If you stumble, we'll be cheering you on.

Translation

ションのための心の準備をする

プレゼンに先立ち緊張した面持ちで立っているマークに、同僚のジルが声をかけます。

ジル：マーク…マーク！ おーい、ほら！

マーク：うわぁ、な…ジル！ 死ぬほどびっくりしたじゃないか！

ジル：あいさつしただけよ。ボーッとしてたわよ。大丈夫？

マーク：大丈夫じゃない！ 緊張してるんだ。明日プレゼンがあるんだけど、失敗、間違いなし！

ジル：なんでそんなこと、わかるのよ。なんでそんなことが言えるの？

マーク：だってわかるんだ！ 大失敗になる！ クビになる！ そして、ひもじくなる。誰も頼る相手なんか、いないんだ。誰も僕のことを心配しちゃくれないんだ。

ジル：ありゃりゃ、また始まったわ、こりゃ…わかった。教えて。本当の問題は何なの？

マーク：僕がしゃべりがヘタクソだって知ってるでしょ…。

ジル：知らない気がするけど。ま、いいわ、続けて。

マーク：カール［上司］に、僕のプレゼンの原稿のフィードバックをいただけますかって先週お願いしたんだ。で、いいよって言ってもらったんだけど、まだ何も言ってもらっていないんだ。

ジル：あー、それ、いかにもあの人らしいじゃない。自分が言ったことをフォローすることなんて、しないでしょ。それくらい、私たちだって（賢いから）わかるわ。もう一回お願いしたら？

マーク：いや…どうせしくじるの、わかってるからさ。壇上に上がると、頭が真っ白になるんだ。そうに決まってる。

ジル：ねえ、マーク。壇上にいるときに万が一、なにか起きてもよ、万が一、なにかトラブルが起きても、心配は要らないの。ところどころで間違えてたからって、誰も、あなたのことを使えないヤツなんて思わない。とちっても、みんな応援してるから、だいじょうぶだよ。

Vocabulary

fiasco	大失敗
starve	飢える
carry on	続ける
feedback	フィードバック、意見
script	原稿、台本
blank	空白の
stumble	つまずく、言葉に詰まる、とちる、間違える

Chapter 6 プレゼンテーションで使う言い回し

263

Lesson 35

Focus on Idioms

070

このダイアログで使われている句動詞・イディオムを解説していきます。

---

❶ scare [誰々] to death [誰々] を死ぬほど驚かす

You scared me to death!（びっくりさせないで、死ぬかと思いました！）

日本語でも「死ぬほど驚いた」がけっこう日常的に使われるのと同じで、英語でも「ぞっとした」という感覚で頻繁に使われる。同種表現に frighten someone to death もあるが、よく使うのはこちら。ポイントは、to death であって、余計な冠詞を入れないこと。この点、I was bored to death.（死ぬほど退屈したよ）と同じ。

❷ spaced out ぼーっとする、フラフラする

You were spaced out.（上の空でしたよね）

元々は薬物でフラフラになっている状態を形容するスラングで、日本語での（薬などで）「飛んでいる」に相当する。自動詞・他動詞両方で使える。ここでは相手に向かって言っているが、自分のほうからも、Sorry, I spaced out a second. What were you saying?（ごめん、ちょっとぼーっとしちゃって。何て言ってたんだっけ？）というふうに使える。これを普通に言うなら、Sorry, I wasn't paying attention.

❸ get fired クビになる

I'm going to get fired!（クビにされちゃいますよ）

普通、受動態は be 動詞+動詞の ed/en 形で作り、I'm going to be fired. とも言える場面ですが、インフォーマルな会話の場合、ここでの例のように get を入れた受動態で、一種の「やられる感じ」を強調する。実際、get killed, get stolen 等、たいていはネガティブな話。一方、こういった get 型の受動態では by は入れないで使うのが普通で、仮にby を入れる必要があるときは、通常タイプの受動態を使う。つまり、「彼女は FBI に逮捕された」と言いたいとして、She was arrested by the FBI. のほうが She got arrested by the FBI. より一般的。なお、この get 型の受動態は、比較的に最近のことを言うのに使い、古い話には使わないので、「この寺は 13 世紀に建てられた」は、This temple was built in the 13th century. であり、This temple got built... とはあまり言わない。

❹ turn to [誰々] [誰々] を頼りにする

I have no one to turn to.（誰も頼れないんです）

Sunflowers turn to face the sun.（ひまわりは太陽のほうに向かうようにするものだ）と同じで、人を頼りにして助力を求める場合、その人のほうに（to）体の向きを変える（turn）ので、こういう言い方になる。もっと普通の言い方をするなら、ask for help を使って I have no one to ask for help. となる。

❺ there [誰々] goes again また [誰々] か

There you go again.（またですか）

ネガティブな行為を繰り返す人に言うセリフで、ここでの和訳のとおり「またかよ」というニュアンス。ここでの go（行く）を強いて日本語に近づけて解釈すると「、どういうんだろうね、ああいうのがまかり通るってのは」という感じに近い。

❻ Tell me. 言ってくれないかな（はっきりと）

Tell me. What's the real problem?（言ってください、何が本当の問題なんですか）

ここでは、同僚同士とあって、気楽に、「いいから、言っちゃって」という感じで使われているが、一般的に、何か質問をするときの前置きとして頻繁に使われる。たとえば「で、どんな感じなの、彼？ ルックスいいの？ 頭いいの？」と聞きたい場合に、Tell me, what's he like? Does he have good looks? Is he smart? と言ったりする。相手が目上など、気を使うべき相手なら、Would you mind telling me what he is like? を使う。

❼ hear from［誰々］ ［**誰々**］**から連絡がある**

I haven't heard from him yet.（まだ向こうから何も言ってこないですねぇ）

レターの典型的末文が I look forward to hearing from you.（お返事お待ちします）であることからわかるよう、この hear は、聴覚とは関係がなく、電話またはＥメールなどでの連絡を受けることを言う。日常的にも、共通の知り合いなどについて、「あいつ、どうしている？ 連絡ある？」という感じで、Have you heard from him/her lately? という形で頻繁に使う。

❽ follow up on［何々］ ［**何々**］**についてフォローする**

He never follows up on what he says.

（彼は自分が言ったことを、後できちんとフォローしないんです）

ここでの follow は硬い言い方に直すなら、take further appropriate action（重ねてしかるべき行動を起こす）ということ。これに、wind up a debate（討論を締めくくる）で見られる、「決着をつける、完了する」というニュアンスの up を付けたもの。前置詞の on は対象を示したいときに使う。follow up だけなら、follow it up（それをフォローする）と、分割して間に代名詞を入れられるが、follow up on のときは３単語をばらさずに使い、Okay, I'll follow up on it.（了解、その件、フォローしておきましょう）と言う。

❾ be smart enough to know［何々］ ［**何々**］**がわかる程度に頭が働く**

We're smart enough to know that.（それくらい、私たちだって頭が働きます）

類似表現の too との対比で覚えるのがポイント。too を使うときは、形容詞の前に入れて、He's too smart to do such a silly thing.（彼はそんな馬鹿なことをやるには頭がよすぎる＝そんな馬鹿なことをするほど頭が悪くない）と構成する。これに対して enough は、形容詞の後に入れる。too は、too young to drive（所定の年齢に満たないので運転できない）のように、「過不足」があることを言うときに使うが、enough は、ひとまず足りているか、十分であるときに使う。たとえば、She's old enough to drive.（彼女は運転できるだけの年齢に達している）など。

❿ break out 何かが（突然）起こる ＝ erupt

If any trouble breaks out, no worries.（何かトラブルがあっても、何も心配することとはありません）

現状を打破（break）して、突如として何かが起きる（out）のがこの句動詞の意味。類似表現の We hatch out hundreds of chicks every month.（うちでは、毎月何百ものヒナを孵化させている）、Cherry blossoms are coming out.（桜が咲き始めている）においても、out はそれまで見えていなかったものが現れる様子を伝えている。この break out を一語動詞で言えば、erupt だが、erupt は話し言葉で使うと聞き返されるような硬い言葉。

265

Lesson 35
Focus on Function

抽象的**feedback**なら冠詞ナシ、具体的フィードバックなら**some**を付ける

I asked Carl to give me some feedback on my script last week.
僕のプレゼンの原稿のフィードバックをいただけますかって先週カールにお願いしました。

インターラクションでは使う名詞に、some あるいは、どういう冠詞を付けるかは、本人がどういうつもりで言っているかを示すための重要な機能を果たしています。

上のセンテンスの場合、抽象的にあらゆるフィードバック、すなわち all feedback を念頭に言っているのなら不可算名詞なので、冠詞なしの feedback です。そのコンテクストでの具体的なフィードバックを念頭に言っているのなら、some feedback です。あるいは「そのフィードバック」という特定のフィードバックの話をしているつもりなら、それを表すために定冠詞を入れます。

会話例では、

I asked Carl [Mark's boss] to give me some feedback on my script last week.
（僕のプレゼンの原稿のフィードバックをいただけますかって先週カールにお願いしたんだ）

と言っていますが、これは、具体的なフィードバックの話なんだよということを合図するため、some を入れています。

これに対して、抽象的に all feedback の話をするのであれば、冠詞なしで、以下のような言い方をします。

Feedback is essential for all successful businesses.
（フィードバックはあらゆる事業の成功に不可欠だ）

この場合、all feedback の話をしているので冠詞なしでなければなりません。さらに進んで、このフィードバックが特定のもの、すなわち that feedback と言える域に達すれば、以下のように定冠詞を付けることになります。

The feedback we received was positive/negative.
（返ってきたフィードバックは良かった／良くなかった）

　もっと身近な例で言えばワインも典型的な不可算名詞であり、以下のように、具体的なら some、抽象的なら冠詞ナシ、特定だという認識を当事者が共有しているなら the です。

Would you like some wine?
（ワインなどいかが？）

I like ［冠詞ナシ］ wine. I like ［冠詞ナシ］ red wine in particular.
（私はワインが好きです。中でも赤ワインが好きです）

So, how's the wine?
（で、どうですか、そのワイン？）

　こうした不可算名詞と冠詞の使い分けは 103 ページでも表形式でまとめてあります。ご参照ください。

　いずれにしろ、日本語には可算名詞・不可算名詞の別がありませんから、使う名詞がどちらに属するのかを日頃から意識して、まめにチェックすることです。

　なお、辞書に可算・不可算のいずれもあると示されている場合は、We're in agreement.（合意が調った）や We reached an agreement.（合意にこぎつけた）といった例からもわかるように、抽象的な合意の話なら不可算で、内容を書き出せるような具体的な合意の話なら可算です。

Lesson 36 ▶ プレゼンテーションへの導入 ○······

Introduction to a Presentations

071

Steve: Good morning, everyone ... thank you very much for coming today. It's a beautiful day ... we'¹ re terribly sorry we're locking you up on such a beautiful day, but I hope—and I'm sure—what you're going to hear from Elsa today is ² worth it. She's going to speak about our plan of an entirely new English language course. Oh, and don't forget, we've ³ sent out for Johnny's sandwiches, so please enjoy the sandwiches and coffee after Elsa's talk. So ... Elsa.

Elsa: Thank you, Steve. Hi, I'm Elsa Reed, and ⁴ before I begin, let me just say this: Johnny's sandwiches are really good. I know you're all very busy, but it'd be really great if you could ⁵ stay behind for a quick lunch with us. OK ... so ... now I'm going to talk about this new type of English language course, but to tell the truth—well, it's just ⁶ between you and me—I ⁷ didn't have the slightest idea about what this course was all about when I ⁸ took over as manager after my predecessor left a year ago. I was busy ⁹ settling down in my new job, and although it was called "new," I just assumed ¹⁰ for some reason that it'd be just another ordinary language course with an entirely new name. **Then Steve came into my office one day, put a piece of paper on my desk, and asked me to have a look.** It read, "No more grammar, no more vocabulary. Just the rules of how to strike up, develop, and conclude a conversation." Now I was intrigued.

Translation

プレゼンテーションへの導入

プレゼンが始まります。まずは司会進行役のスティーヴが話し始めます。

スティーヴ：皆さん、おはようございます…今日はお越しいただき、どうもありがとうございます。素晴らしい天気ですね…こんなにいい天気なのに、皆さんをこの場に閉じ込めるなんて、本当に申し訳ないです、でも、エルサがこの後お話しする内容は、それだけの価値があると願っています―それに、そう確信しています。エルサのほうからは、まったく新しい英語のコースの企画についてお話をさせていただきます。あ、それから、（大事なことなので）忘れないでくださいね、ジョニーズのサンドイッチのデリバリーを頼んであります。エルサの話が済んだら、どうぞサンドイッチとコーヒーをお楽しみください。それでは…エルサ、お願いします。

エルサ：ありがとう、スティーヴ。こんにちは、エルサ・リードです、まず始める前に、これだけ言わせてください：ジョニーズのサンドイッチは本当においしいですよ。皆さんとてもお忙しいと存じますが、（話の後に）残っていただいて、ささやかなランチをご一緒下さるととてもうれしいです。えー…それでは…まったく新しいタイプの英語のコースについてお話します、でも本当のことを言うと―あの、ここだけの話にしてもらいたいんですが？前任者が1年前にいなくなって、私がマネージャーを引き継いだときは、このコースが一体どういうものなのか、まったく見当がつかなかったんです。新しい仕事に慣れるのに忙しかった時期で、「新しい」なんて言っても、単に普通の語学コースに新しい名前がついただけだと、なぜだか思い込んでいたんです。そうしたらある日、スティーヴが私のオフィスにやってきて、1枚の紙をデスクの上に置いて、これを見てくれって言ってきました。そこには、こう書いてあったんです：「文法も、ボキャブラリーももはや要らない。どうやって会話を始め、発展させ、終わらせるかというルールだけ」。今度は興味がわいてきました。

Vocabulary

lock up 閉じ込める
entirely 完全に、すっかり
predecessor 前任者
assume 思い込む
strike up a conversation 会話を始める
conclude 締めくくる、結論付ける
be intrigued 興味をそそられる

Lesson 36
Focus on Idioms

このダイアログで使われている句動詞・イディオムを解説していきます。

❶ be terribly sorry　本当に申し訳なく思う

We're terribly sorry we're locking you up on such a beautiful day.
（こんないい日に皆さんを閉じ込めちゃって、申し訳ありません）

相手の名前を聞き取れなかった場合、I'm very sorry. I didn't catch your name.（本当にすみません。お名前を聞き取れませんでした）と言ったりするが、sorry はよく使うだけに、毎回、判で付いたように very sorry というのも具合が悪いもの。そこで、ここでの terribly 以外にも、really, truly くらいは使い回したいもの。

❷ ［何々］be worth it　「何々」はそれだけの価値がある、無駄にはならない

What you're going to hear from Elsa today is worth it.
（エルサがこれからお話しすることは、それだけの価値があります）

ここでの it が指しているのは、これからのプレゼンの内容だが、代名詞以外に、動詞の ing 形を続けるパターンもよく使われる。「彼女の話を聞くのも無駄にはならない」なら、It's worth listening to her talk. であるし、「署名する前に弁護士に相談する価値があるのではないか」なら、It's worth consulting an attorney before signing it.

❸ send out for ［何々］　「何々」の出前／デリバリーを頼む

We've sent out for Johnny's sandwiches.
（ジョニーズのサンドイッチのデリバリーを頼んであります）

We sent out for Chinese food/coffee and donuts/pizza. というふうに、対象はこの会話例のようにもっぱら料理その他の飲食物。ポイントは send out や send for という形にせず、常に〈send out for ［何々］〉という組合わせによること。send out だと、招待状などを一斉に「発送する」ことになってしまうし、また、send for だと、We sent for a doctor. のように、「呼ぶ、来てもらうよう頼む」という意味になる。

❹ before I begin　始める前に

Before I begin, let me just say this.（始める前に、これだけは言わせてください）

before I begin に代えて、before I start と言ってもかまわない。「始める」と言いたいときに動詞 start しか使えない文脈が 2 つで、その 1 が旅立ちを言うとき：Let's start at five while traffic is light.（車が少ないうちに、5 時に出よう）。その 2 が、機械や機器のたぐいのスイッチを入れるとき：I can't start the washing machine.（洗濯機のスイッチを入れても動かない）。強いて区別を言えば、begin のほうが start よりフォーマルとされているので、「会議は午後 1 時に（始まるではなく）『開始』だ」と言いたいなら、The meeting will begin at 1:00 p.m. とする。

❺ stay behind （その場に）残る

It'd be really great if you could **stay behind** for a quick lunch with us. （皆さん、この後、ささやかなランチをご一緒できるととてもうれしいです）

ただ簡単な昼食を取るため「残った」と言いたいなら We stayed behind for a quick lunch. だが、「何の行事の後か」まで言いたい場合は、after を使って、We stayed after the meeting for a chat. （ちょっと雑談するため、会議が終わった後もそこに残った）などとする。しかし、いちいち行事の後である必要もなく、ただそこに残る場合も使えるので、たとえば、OK, I'll stay behind and tell the late people where the room is. （じゃあ、私はこの場に残って後から来た人たちにどの部屋か案内しましょう）などという言い方もできる。

❻ between you and me ここだけの話

It's just **between you and me**. （ここだけの話にしてくださいね）

ここでは話の流れから、It's で始めているが、一呼吸置いて、「ところで、これは内緒だけどね」という感じで切り出すときは、This is を使って、This is just between you and me. という言い方が便利。just はなくてもかまわないが、実質的には「口外するな」という話なので堅苦しくなるのを避けるクッション代わりに普通はこの just を入れて使う。他に類似の表現として、以下のものがある。

Maybe I shouldn't say this, but there's going to be another round of downsizing. （これ言っちゃまずいんだけど、またリストラだって）

This shouldn't be passed around, but management will be reshuffled in the near future. （他で言わないでくれよな。近いうちに経営陣の入れ替えがあるんだ）

❼ don't have the slightest idea about [何々]
「何々」について（見当もつかないくらい）何も知らない

I didn't have the slightest idea about what this course was all about.
（このコースが一体どういうものなのか、まったく見当がついていませんでした）

何かをまるで知らないことを言うためのフレーズで、もっぱら否定文として使う。つまり、「その件についてはちょっとしか知らない」と言いたいなら、I have a little idea about the matter. などと言ったりせず、knowledge を使った、I have little knowledge about the matter. という言い方になる。バリエーションとしては、同じく「これっぽっちも」を意味する faintest を使って、I don't have the faintest idea about the matter. と言える。もっとさっぱり言いたいなら、I have no idea を使えるが、その場合は、疑問詞で始まる文を続ける必要がある。たとえば、I have no idea what it means. （それが何を意味するのかまるでわからない）

❽ take over 引き継ぐ　= relace

I **took over** as manager after my predecessor left a year ago.

（前任の人が 1 年前に辞めて、そこで、私がマネジャーを引き継ぎました）

動詞 take には、Take my advice.（助言を聞きなよ）で見られるのと同様、「受け入れる」という意味があり、それに「立場が入れ替わる」ことを意味する over が付いている。こうした over は sign over the property（物件を譲渡する）のように、「こちらから向こう」という動きのときもあれば、win over new customers（新たな客を獲得する）のように、「向こうからこちらへ」という動きのときもある。一語動詞で言えば、replace だが、この単語は特別フォーマルというわけでもないので、ここでも、when I replaced him as manager という言い方もできる。

❾ settle down　（新たな環境に）慣れてきて落ち着く　= adjust

I was busy **settling down** in my new job.

（新しい仕事に慣れようと、とても忙しくしていました）

「居着く」という意味合いの動詞 settle に、ものごとの活発さの度合いが低くなり、落ち着いてくることを意味する down が組み合わされた句動詞。このようなニュアンスの down は、Things are beginning to calm down.（ものごとがだんだん落ち着きを取り戻し始めた）や We're trying to cool him down.（われわれは彼を落ち着かせようとしている）のような例で見られる。一語動詞で言いたいなら adjust を使える。adjust は話し言葉でも書き言葉でも使える動詞だが、硬い響きがある。

❿ for some reason　なぜか、どういうものか

I just assumed **for some reason** that it'd be just another ordinary language course. （なぜだか単なる普通の語学コースと、そんなふうに思い込んでいました）

字面だけ見ると、「なんらかの理由で」という感じがするが、実は for some unknown reason（よくはわからないが何らかの理由で）ということであり、実際、unknown を入れて使うこともある。ただ、会話例では、自分のことなので、普通は unknown を強調しない。unknown を入れて使うのはたいてい他人のことで、たとえば、For some unknown reason, he suddenly stepped down as prime minister.（理由は不明だが、彼は突然、総理大臣の職から降りた）のように言う。

Lesson 36
Focus on Function

英語は3拍子でまとめる

　話し言葉であれ、書き言葉であれ、英語には固有のリズムがあります。何でも3つにまとめてしまうやり方で、真似が簡単な上、常にそれを心がけていることで英語らしい響きとなります。

たとえば、ダイアログにこういう言い方が出てきます。

(a) **Then Steve came into my office one day, put a piece of paper on my desk, and asked me to have a look.**

(そうしたらある日、スティーヴが私のオフィスにやってきて、1枚の紙をデスクの上に置いて、これを見てくれって言ってきました)

(b) **Just the rules of how to strike up, develop, and conclude a conversation.**

(どうやって会話を始め、発展させ、終わらせるかというルールだけ)

　例文 (a) の下線部を見てください。came, put, and asked というふうに、One, Two, and Three という3拍子です。例文 (b) の下線部も同様に、to strike up, develop, and conclude というふうに3拍子です（to 不定詞の to は最初の動詞にだけ付ければ十分なのであと2つは省略されています）。

　ポイントは2つです。1つは、One, Two と要素を2つ並べたら、最後の3つ目の要素前に and を入れること。もう一つのポイントは必ず、格好をそろえることです。

He came into my office, he put a piece of paper on my desk and asked me to have a look.

ではダメです。

He came into my office, he put a piece of paper on my desk, and he asked me to have a look.

というふうに、すべて He/he +動詞という格好にするか、以下の会話例のように、主語は最初の動詞だけで、後は、省略して、

He came into my office, put a piece of paper on my desk, and asked me to have a look.

です。

　これは E メールを書くようなときにも守るべきルールで、たとえば、「当社の技術部門は、コンサルタントに依頼すること、選択肢として他のモデルの可能性を探ること、そして評価のためのパイロット・プログラムを立ち上げることを提案してきています」と言いたいとすれば、以下のように形をそろえます。

Our engineering department suggests that we hire a consultant, that we investigate alternative models, and that we set up a pilot program for assessment.

　ここでは、ご覧のとおり、動詞 suggest を受けての that 節が 3 つ並ぶ格好になっています。

　以下のように suggest の目的語に当たる部分の格好がまちまちというのは非常にまずい例です。

Our engineering department suggests that we hire a consultant, to investigate alternative models, and we should set up a pilot program for assessment.

　英語は本当に 3 拍子が好きで、特にアメリカ人は子どもの頃から作文の時間に、"The magic number three" つまり「特別重要な数字は 3」というふうに教わり、こういうリズムを積極的に使うよう奨励されています。

　実際、英語の定型句も 3 拍子だらけで、無名の人々を指す Tom, Dick and Harry をはじめ、「一切合財」という意味の lock, stock and barrel など、いくらでもあります。ですから、自分で英語を使うときも 3 拍子を心がけていると、一段と通りが良くなるものです。

DIALOG 音声を聴き取ろう

069 🔊

Jill: Mark ... Mark! Hello, there!

Mark: Oh my g— Jill! You s_____ m_ t_ d____!

J: I just said hello. You were s_____ o__. Are you all right?

M: No! I'm nervous. I have a presentation tomorrow, and I know I'm going to fail!

J: H___ d_ y_ k___ t__? W__ m____ y__ s__ s_?

M: Because I just know! It's going to be a complete fiasco! I'm going to **get fired**! And I'll starve. I'll have no one to **turn to**. Nobody cares about me.

J: Oh, t____ y__ g_ again ... OK. T_ m_. What's the real problem?

M: You know I'm such a terrible speaker ...

J: I don't think I do. But anyway, carry on.

M: I asked Carl [Mark's boss] to give me some feedback on my script last week, and he said yes, but I haven't h___ f___ him yet.

J: Well, that's very like him, isn't it? He never f_____ u_ on what he says. We're s____ e_____ t_ k___ that. Why don't you ask him again?

M: Well ... I know I'm going to fail anyway. Once on stage, my mind will go blank. I know it.

J: Look, Mark. If anything should happen while you're on stage, if any trouble should b___ o__, no worries. No one would think you're useless just because you stumbled here and there. If you stumble, we'll be cheering you on.

DIALOG 音声を聴き取ろう

071 🔊

Steve: Good morning, everyone ... thank you very much for coming today. It's a beautiful day ... we're t_____ s____ we're locking you up on such a beautiful day, but I hope—and I'm sure—what you're going to hear from Elsa today is w____ i_. She's going to speak about our plan of an entirely new English language course. Oh, and don't forget, we've s___ o__ f_ Johnny's sandwiches, so please enjoy the sandwiches and coffee after Elsa's talk. So ... Elsa.

Elsa: Thank you, Steve. Hi, I'm Elsa Reed, and b____ I b____, let me just say this: Johnny's sandwiches are really good. I know you're all very busy, but it'd be really great if you could s__ b_____ for a quick lunch with us. OK ... so ... now I'm going to talk about this new type of English language course, but to tell the truth—well, it's just b_____ y__ and m_—I d____ h___ the s_____ i___ about what this course was all about when I t___ o__ as manager after my predecessor left a year ago. I was busy s_____ d___ i_ my new job, and although it was called "new," I just assumed f_ s____ r_____ that it'd be just another ordinary language course with an entirely new name. T___ S___ c____ i___ my o____ one day, p_ a p___ of p____ on my d__, and a____ me to h__ a l___. It read, "No more grammar, no more vocabulary. J__ the r___ of h__ to s____ up, d_____, and c_____ a c_____." Now I was intrigued.

Lesson 37 ▶ プレゼンテーションを締めくくる

Ending the Presentations

073

Elsa: To sum up, **what intermediate learners of English really need and what has always lacked in English conversation classes is**—as the survey we've [1] carried out clearly shows— practical knowledge of the mechanism of English conversation: how to begin, develop, and conclude a conversation in English. And [2] that's where our course—English Conversation Mechanism—comes in. English learners will no longer have to say, "I have [3] plenty of vocabulary and [4] a good working knowledge of grammar, but [5] when it comes to actual conversation, [6] I'm at a loss." And now that English is a global language, the need to acquire such practical knowledge and skills of English conversation [7] is bound to increase. Why do people talk to each other? Because we—all of you here today, those who want to brush up on their English, and of course, myself—all have this very strong desire to [8] make ourselves understood. And in order to do that in a foreign language, one needs not only grammar and vocabulary, but the knowledge of how communication works in that language. Well, that's all I have to say. Thank you very much.

Steve: Thank you, Elsa. Well, before we move on to the question and answer session, I'd like to remind you that the points Elsa has just made are all given on the handout in front of you, and if you [9] turn over the sheet, you will find our contact info at the bottom.

DIALOG プレゼンテーションを締めくくる

Translation

プレゼンテーションを締めくくる

英語学習についてのプレゼンテーションをしているエルサは、プレゼンを締めくくろうとしています。

エルサ：要約しますと、中級レベルの英語学習者は本当に何が必要か、そして、従来の英会話のクラスには何が欠けていたかと言うと―私どもで行った調査が明らかに示す通り―英会話のメカニズムの実践的な知識、つまり、英語による会話をいかに始めて、展開し、終わらせるか、という知識なのです。そして、そこで、私どものコース―「英会話のメカニズム」―の登場となるわけです。英語学習者はもう、「語彙も十分にあるし、実用に堪える十分な文法の知識もあるのに、実際の会話となると途方に暮れてしまう」とは言わなくなります。そして、もはや英語は世界語です。英会話のそのような実践的な知識とスキルを習得する需要は必ずや増えます。人は、なぜ会話をするのでしょうか。それは、私たちは―今日ここにいらっしゃる皆さんも、英語をブラッシュアップしたい人たちも、そして、もちろん私自身も―皆、自分の言いたいことをきちんと伝えたいという強い願望があるからです。そして、外国語でそうできるようになるためには、文法とボキャブラリーだけでなく、その言語におけるコミュニケーションがどのような仕組みになっているのか、ということを知っている必要があります。えー、私が言いたいことは以上です。どうもありがとうございました。

スティーヴ：ありがとうございます、エルサ。えー、質疑応答に移る前に、申し上げておきますが、エルサが今お話した点は全て、お手元にあるハンドアウトに書いてあります。そして、ハンドアウトを裏返しますと、いちばん下に、弊社の問い合わせ先がございます。

Vocabulary

intermediate 中級の
lack 欠いている
survey 調査
practical 実際的な、実用的な
mechanism メカニズム
actual 実際の
acquire 得る、習得する、身に付ける
make points 主張する、指摘する

Lesson 37
Focus on Idioms

074

このダイアログで使われている句動詞・イディオムを解説していきます。

❶ carry out（調査、プロジェクトなどを）行う　= do

We've carried out a survey.（私どもで1つの調査をしました）

この carry out を単純な一語動詞で言えば do であることに示されるとおり、ここでの動詞 carry は「遂行する」という意味。これに「きちんとやり遂げる」というニュアンスの out を付けたのがこの句動詞。「きちんとやり遂げる」というニュアンスの out は、copy out a recipe（レシピを書き写す）、hammer out an agreement（合意にこぎつける）、wipe out clutter（ガラクタを処分する）などで見られる。

❷ that's where［何々／誰々］**comes in**　そこで［何々／誰々］の登場・出番だ

That's where our course comes in.（そこで、私どものコースの登場と相成るわけです）

この会話例での用例のように、先に一般的ないし漠然としたことを言ってから、それを明確かつ具体的に示すモノ・コト・ヒトを持ち出すときの定番。ヒトについて言うときはこういう感じになる。I need someone to translate this into English, and that's where you come in, Jill.（これ、誰かに英語にしてほしいんだけどさ、で、ね、頼むんならジルじゃないと思ったわけ）

❸ plenty of　十分な量の

I have plenty of vocabulary.（私の語彙力には十分なものがあります）

このフレーズは lots of で置き換えることができるくらいで、意味としては「たくさん」。ニュアンスとしては「十分な、またはそれ以上の」という感じがあり、また、たいていは「いくらでも」という感じが伴っている。たとえば、失敗して落胆している人を励ますため、There will be plenty of opportunities in the future.（これから機会はいくらでもあるよ）と言ったりする。

❹ a good working knowledge of grammar
実用に耐えるだけの十分な文法知識

I have a good working knowledge of grammar.
（自分には実用に耐える程度の文法知識はあります）

この working knowledge というフレーズは大変便利で、履歴書の特技欄などで、Working knowledge of French and German.（実用レベルのフランス語とドイツ語）と書いてあったりする。語学検定でのレベルを示すことなく、どの程度できるかを伝えるために使われる言葉で、「少なくとも、電話したり、メールを書いたりする程度はできるんだ」と期待されることになる。

❺ when it comes to［何々］（いざ）［何々］となると

When it comes to actual conversation, I'm at a loss.
（実際の会話となると途方に暮れてしまいます）

平たく言うなら、speaking about actual conversation（実際の会話という話となると）。もっとフォーマルな感じで言うなら、as for actual conversation（実際の会話について言えば）。基本的に、When it comes to patent law, she is the best.（特許法のこととなれば、彼女にかなう者がない）という具合に、何かの話を切り出す際の前触れのようにして使う。

❻ be at a loss 途方に暮れる

When it comes to actual conversation, I'm at a loss.
（実際の会話となると途方に暮れてしまいます）

She was taken by surprise and was at a loss for words.（彼女は驚きのあまり言葉が出なかった）という言い方に見られるとおり、「どうしていいかわからない」状況を形容するフレーズ。どういうことに関して途方に暮れているのかを説明するときは to 不定詞を続けて、Everyone is at a loss to explain what happened to the plane.（その飛行機に何が起きたのかについては誰もが途方に暮れている）という言い方をする。

❼ be bound to do［何々］ ［何々］するのが必至だ、必ずそうなる

The need to acquire such practical knowledge and skills of English conversation is bound to increase.（英会話のそのような実践的な知識とスキルを習得する需要は必ずや増えます）

「縛る、拘束する」という意味の動詞 bound の形容詞版であり、本来、「そうなる確率が非常に高い」という意味合いの言葉。そこで、The need to learn English is bound to increase. という言い方を例に言えば、「英語を学ぶ必要性が『十中八九、まずは間違いなく』高くなるだろう」というニュアンスで使われる。同義語の likely と比べ、使用頻度は低いので、天気のような平凡な話題のときは、It's bound to rain. と言うよりは、It's likely to rain. と言うほうが自然。

❽ make oneself understood 言いたいことを伝える

Those who want to brush up on their English all have this very strong desire to make themselves understood.
（英語をブラッシュアップしたいという人たちは誰しも、自分の言いたいことをきちんと伝えたいという願望を持っているものです）

フレーズに話し手本人のことを指す oneself という言葉は入っているが、意味あいは、「相手に通じる話し方をする、言葉でわかってもらえる」こと。「何々語で相手に通じる話し方をする」ということであれば、前置詞 in で続ける。たとえば、I couldn't make myself understood in English. Nothing worked. Not one thing. I knew my face was going red from embarrassment.（英語で言いたいことを言えなかった。何をやってもダメ。一つとして通じない。恥ずかしさで赤面しているのが自分でもわかった）

❾ turn over 裏返す、裏面を見る

If you turn over the sheet, you will find our contact info at the bottom.（配布資料を裏返していただくと、一番下に弊社の問い合わせ先がございます）

「試験開始の合図があるまで問題文は伏せたままにしておくように」ということで、試験問題に、DO NOT TURN OVER THIS PAGE UNTIL THE EXAM STARTS. と印刷されていたりする。動詞 turn は位置関係を変えるという意味で、over は、Flip over the meat and sear for another 45 seconds.（肉を裏返しにして、さらに 45 秒強火で焼く）のように、「ひっくり返す、表を裏にする」というニュアンス。書籍のページや書類などの紙を扱う上で、turn over は頻繁に使われる句動詞で、時には、「裏面をご覧ください／裏面に続く」という意味で、下のほうに PTO（Please Turn Over の省略形）と入っていたりする。

Lesson 37
Focus on Function

現在完了でめったに使うことのない動詞

what intermediate learners of English really need and what has always lacked in English conversation classes is ...
中級レベルの英語学習者は本当に何が必要か、そして、従来の英会話のクラスには何が欠けていたかと言うと…

ここで注目していただきたいのは、色文字で示した 2 つの動詞のうち、need は単純現在なのに、lack のほうは has lacked と現在完了形になっていることです。なぜ、need のほうは現在完了形になっていないのでしょうか。この点、Biber らの研究（Longman Grammer of Spoken and Written English）では用例中、現在完了がわずか 2 パーセントしか占めない一群の動詞であるとしています。この研究では現在完了形で使うことがまずない動詞として 53 動詞を挙げていますが、これを基本的なものに絞ると以下の 23 動詞になります。

(1) We aim (× We have aimed) to double our sales.
（当社は売上倍増を目標としている）

(2) What are you basing (× What have you based) your estimates on? （その推計はどういった根拠に基づいているのでしょうか）

(3) We believe (× We have believed) your expectations are too high. （期待値が高過ぎると思います）

(4) The spent fuel pools boiled (× have boiled) dry.
（使用済み核燃料のプールが空だきになった）

(5) Five companies are competing (× have competed) for the contract. （5 社が契約を取ろうと競争している）

(6) The report contained (× has contained) some confidential information. （その報告書には機密事項が含まれていた）

(7) The project is costing (× has costed) us more than the revenue that is expected to bring in.
（そのプロジェクトの費用はそれで得られる収益を上回っている）

(8) The future of the company depends (× has depended) on this product. （会社の将来がこの製品にかかっている）

(9) I always doubt （× have always doubted) their sincerity.
（いつも彼らの誠実さを信じる気になれない）

(10) He excused (× He has excused) himself with an obvious lie.
(彼は見え透いたウソをついて退出した)

(11) Access to new money let (× has let) the company grow faster. (新たな資金を得てその会社は一段と早く成長できるようになった)

(12) The bottom line is net profit is all that matters (× has mattered) to management. (経営陣にとり唯一大事なのは純利益だ)

(13) Why did you fire that part-timer? Not that I mind (× I have minded), of course.
(なんでまたあのパートの人、クビにしたの？　別に気にならないけどさ、もちろん)

(14) I really need (× have needed) that information.
(あの資料、どうしても欲しいんだ)

(15) That company protects (× has protected) its turf by intimidating the competition.
(あの会社はライバルを脅かすことで自分たちの縄張りを守っている)

(16) The new product reflects (× has reflected) the company's innovative thinking. (新製品は同社の斬新な発想を反映している)

(17) These three factors relate (× have related) to application development. (この3つの要因がアプリの開発に関係しています)

(18) Exports represent (× have represented) about 30% of our total sales. (輸出は総売上のおよそ3割を占めている)

(19) Hey, I smell (× have smelled) gas, for sure, somewhere.
(おい、ガス臭いぞ、確かにする、どこか漏れているはずだ)

(20) For some reason, he smiled (× has smiled) a knowing smile when he was told he was replaced.
(どういうものか、彼は更迭すると言われた際、訳知り顔で笑顔を浮かべた)

(21) I supposed (× have supposed) that common sense would prevail. But I was dead wrong.
(自分じゃ常識が通るんじゃないかという気がしていた。ところが、それが大間違いだった)

(22) I thanked (× have thanked) them for their business and asked them to come again.
(お買い上げありがとうございますとお礼を言い、またのご来店をお待ちしますと言った)

(23) We want (× have wanted) to outsource some of our development work. (開発業務の一部を外注したい)

　なぜこの種の動詞では現在完了が使われないのかにつき Biber らは、この種の動詞には持続性 (ensuing action) が認められないとか、kiss を例に、長期的な影響 (long-term effects) を残すことがないと説明しています。

Lesson 38 ▶ 質疑応答

Question and Answer Session

075

Dave: Thank you very much for your interesting talk. ¹ What I found particularly interesting is that you ² focus on the mechanism of English conversation. ³ Come to think of it, we never really paid attention to how English conversations progress. Anyway ... **I just wanted to ask you one thing**: is your English Conversation Mechanism course the first of its kind? If it is, that's really great, and we'd ⁴ be interested in ⁵ taking some part in your project.

Elsa: Yes, ⁶ I can proudly say it's ⁷ the first of its kind—well, as far as what our extensive research tells us. That's why we're ⁸ making a big fuss! Ha ha, and thank you for showing an interest in our course. Perhaps we could talk about it over coffee and sandwiches.

Kevin: Um ... my question is, what's going to happen to your old grammar courses? You sound like ⁹ what really matters is the mechanism of conversation, not grammar or vocabulary. But I don't agree with that. No one can make him or herself understood properly without grammar, am I not right?

Elsa: You are absolutely right ... um, may I have your name, please?

Kevin: Kevin Looms.

Elsa: Yes, Mr. Looms, you're perfectly right. Thank you very much for your question. But I never said grammar is not important. Our idea is that understanding the mechanism of conversation is ¹⁰ essential for improving your grammar and vocabulary skills.

Translation

プレゼンテーション後の質疑応答

プレゼンテーションが無事に終わり、質疑応答の時間に入ります。

デイヴ:興味深いお話をどうもありがとうございました。特に面白いと思ったのは、英会話のメカニズムに焦点を当てていらっしゃるということです。考えてみれば、英語の会話がどうやって進むか、われわれは本当の意味で注意を向けて来なかったのですよね。いずれにしましても1つだけ、お聞きしたかったのですが、「英会話メカニズム」のコースは、他に類を見ないものでしょうか。もしもそうだとしたら、それは本当に素晴らしいことですよね、そして、わが社も、何らかの形で御社のプロジェクトに関わりたいと思います。

エルサ:はい、自信を持って、他には類を見ないものだと言えます―まあ、われわれが行った大掛かりな調査によれば、ですが。というわけで、われわれは大騒ぎしているんです! ハハハ、そして、われわれのコースにご関心を示していただいて、どうもありがとうございます。コーヒーとサンドイッチを頂きながら、この件についてはお話しできるかと。

ケヴィン:えーっと…私が聞きたいことは、今までの御社の文法コースはどうなってしまうのですか、ということです。肝心なのは会話のメカニズムであって、文法や語彙じゃない、とおっしゃっているように聞こえるのですが。しかし、それには賛同しかねます。文法なしには、誰も自分の言い分をわかってもらうことなどできません。私、間違ってませんよね?

エルサ:まったくもっておっしゃるとおりです…えー、お名前を伺ってもよろしいですか。

ケヴィン:ケヴィン・ルームズです。

エルサ:ええ、ルームズさん、おっしゃる通りです。ご質問、どうもありがとうございます。でも、文法が重要ではない、とは私は言っていません。われわれの考えは、会話のメカニズムを理解することは、文法や語彙能力の向上に不可欠だというものです。

Vocabulary

pay attention to ~ 　～に注意を払う
progress 　進む
extensive 　大規模な
show an interest in ~ 　～に興味を示す
over coffee and sandwiches 　コーヒーとサンドイッチを飲食しながら
make oneself understand 　自分の言うことを理解してもらう
absolutely 　絶対に

Lesson 38

Focus on Idioms

このダイアログで使われている句動詞・イディオムを解説していきます。

❶ What I found particularly interesting is that ...
特に面白いと思ったのは…

What I found particularly interesting is that you focus on the mechanism of English conversation.
(特に面白いと思ったのは、英会話のメカニズムに焦点を当てていらっしゃる点です)

I find it particularly interesting that you focus on the mechanism of English conversation.（英会話のメカニズムに焦点を当てている点、とりわけ面白いと思いました）とも言える。これを組み替えて、会話例のように、What I found particularly interesting is that... と疑問詞で始まる名詞句が主語になるようにすると、英語感覚では、"you focus on the mechanism of English conversation" という部分が浮き彫りになっているかのような感じになる。

❷ focus on ［何々］　［何々］に焦点を当てる

So, you're **focusing on** the mechanism of English conversation.
(ということで、英会話のメカニズムに焦点を当てていらっしゃるんですよね)

元々副詞の on の基本的なニュアンスは「触れる」こと。たとえば、ある問題 (problem) を抱えているとして、chew on the problem なら「(かみしめるかのように) じっくり考える」ことであり、sleep on the problem なら「1 晩じっくりとその問題を考える」であり、また、touch on the problem なら、「その問題に軽く触れる」こと。こうした用例からわかるとおり、on は共通して「何に触れているのか」という対象を示している。これが「焦点を合わせる」という意味の focus と組み合わさって、「［何々］に焦点を合わせる」という句動詞を構成している。ここでの on を upon にするとフォーマルになる。

❸ Come to think of it　考えてみれば

Come to think of it, we never really paid attention to how English conversations progress. (考えてみれば、英語の会話がどうやって進むか、われわれは本当の意味で注意を向けて来なかったのですよね)

英語で言い換えれば、I just remembered. であり、「そう言えば思い出した」というニュアンスで使う。本体部分が短いのであれば、I have a Russian dictionary at home, come to think of it. (そういえば、うちに帰ればロシア語辞典があるな) のように、文末に入れることもできる。

❹ **be interested in** ［何々］ **［何々］に感心がある**

We'd **be interested in taking** some part in your project.
（わが社は何らかの形で御社のプロジェクトに関わりたいと思います）

we'd be interested とあるように、interested はヒトの心理や気持ちを表していることがポイント。対照的に、interesting は、I find it interesting.（私はそれを／そのことを面白いと思う）あるいは、This is interesting.（これは面白い）のように、ヒトの心理や気持ち以外の、何らかの「状況・状態」を表す。なお、理屈で覚えるより、He's an interesting guy. He's interested in crocodiles.（あいつは面白い奴だ。クロコダイルに興味を持っているんだ）や He's a boring guy. He's bored by anything that isn't about him.（あいつは退屈な奴だよ。自分に関係がないことだと何でも退屈するんだから）のようなセットを一度覚えてしまったほうが早道。もう一つのポイントは、前置詞 in の目的語は名詞であることを要するので、I'm interested in machine translation.（自動翻訳に興味がある）のように、in の後は名詞を持ってくるか、I'm interested in designing machine translation systems.（自動翻訳システムの設計に興味がある）のように動詞の ing 形を使うこと。

❺ **take part in** ［何々］ **［何々］に参加する、一部を担う**

We'd be interested in **taking some part in** your project.
（わが社は何らかの形で御社のプロジェクトに関わりたいと思います）

一部 (part) を担う、引き受ける (take) ということだが、ポイントは、ここでの some part のように、part を修飾する形容詞を適宜入れ替えると応用範囲が広がること。たとえば、主要な役割を担うであれば、take an important part in であるし、従たる役割を担うのであれば、take a secondary part in と言える。一語動詞でもっと引き締めたければ、participate を使えるが、この場合もやはり前置詞の in は不可欠。前項の in 同様、ここでも in の目的語として動詞を持ってくるのであれば、take part in making a decision（意思決定に参加する）という具合に動詞の ing 形を使う。

❻ **I can proudly say ～ ～と自信を持って申し上げることができる**

I can proudly say it's the first of its kind.
（胸を張って申し上げたいんですが、この種のものとしては初めての試みです）

ここでは、副詞の proudly を動詞 say に組み合わせているが、この proud を名詞の pride に変えた上、動詞 have と組合わせて、I have pride in saying that it's the first of its kind. にすると、意味は同じだが、響きがフォーマルになる。
<I can +副詞+ say> は非常に便利なパターンなので、（フレーズとして検索できるよう）引用符でくくった上、任意の単語を意味する*を入れ、I can * say でググると、さまざまな副詞、たとえば、safely（自信を持って）、truly（本当の意味で）、definitely（間違いないという気持ちで）などが入ることがわかる。

Chapter 6

プレゼンテーションで使う言い回し

Focus on Idioms

---

❼ the first of its kind　他に類を見ないもの

I can proudly say it's the first of its kind.
(胸を張って申し上げたいんですが、この種のものとしては初めての試みです)

ここで言う kind はタイプのことであり、したがって「同種タイプの中では初めて」つまりは「オリジナリティーがある」ことを意味する。ポイントは first の前の定冠詞を忘れないこと。
この定型句の応用で、the first の部分を別の最上級で置き換えて使うことができる。たとえば、It's the biggest/lightest/smallest of its kind.（それはこのタイプのものとしては最大だ／最軽量だ／最小だ）

---

❽ make a big fuss　大騒ぎする

Why are they making a big fuss?
(なんだってまた、あんな大騒ぎしているんですかね?)

She's very fussy about what she eats.（彼女は食べ物のことでいちいちこだわり、うるさい）という形容詞の fussy からもわかるとおり、名詞 fuss は、「取るに足らないことで騒ぎ立てること」で、ネガティブな意味あいの単語。一緒に使う動詞は決まっていて、make a fuss が一番普通だが、インフォーマルな kick up を使うと、「ひと騒ぎ起こす」という響きになる。「何に関して騒いでいるのか」は前置詞 about で表し、She made a big fuss about what to wear.（彼女は、何を着ていくかでやたら騒いだ）という言い方をする。

---

❾ what really matters is ...　肝心なのは…、何が一番大事かと言えば…

What really matters is the mechanism of conversation.
(本当に大事なのは、会話のメカニズムですよ)

What matters in this business is what you do, not what you say.（この業界で大事なのは、何をするかであって、何を言うかではない）のように、what matters is だけでも使われるが、what と matters の間に really のような副詞を入れて強調できる。
ダイアログでのように really を入れれば、「非常に、一番」というニュアンスを出せるし、what especially matters とすれば、「何が特に大事かと言えば」という意味になる。

---

❿ essential for［何々］［何々］に不可欠な

Understanding the mechanism of conversation is essential for improving your grammar and vocabulary skills.
(会話のメカニズムを理解することは、文法知識、それと語彙のレベルの向上に不可欠です)

実際には for と同じくらいよく to も使われるが、for で通してしまうほうが得策。実際、ケンブリッジのビジネス英英は for しか載せていない。いずれにしろ、for に続けるのは Accurate and timely financial information is essential for any business.（どんな事業にとっても正確で適時に得られる財務情報が不可欠だ）のように、名詞か、会話例の improving のように動詞の ing 形となる。

Lesson 38
質疑応答

Chapter 6

プレゼンテーションで使う言い回し

289

Lesson 38
Focus on Function

質疑応答では、何についての質問かを先に示す

I just wanted to ask you one thing ...
私が聞きたいことは…

　日本語での質疑応答では、こういう場での振る舞い方、ものの言い方が確立されていないためか、質問するほうが質問でなく大演説をぶつかと思えば、答えるほうも答えになっていない答えをしたりします。

　ところが英語圏、特にアメリカだと子どもの頃から模擬裁判や模擬議会を経験するおかげで、定型的な質問の仕方、回答の仕方を身に付けていて感心させられます。

　英語で質問するときのポイントは、まずはプレゼン中のどの部分と関わっているかを明らかにし、その上で、具体的なことを尋ねることです。

　もうひとつ大事なことは、このプレゼンの例でも見られるとおり、I just wanted to ask you one thing ... My question is ... というふうに、不意打ちをかけるかのように質問するのではなく、これから質問しますよと前置きを入れることです。

　ここでの例は、簡略なプレゼンを想定していますが、長めのプレゼンの場合は、他の人もわかりやすいように、プレゼン中のどの部分に関しての質問かをあらかじめ示してから本題に入るのもひとつの方法です。

● **You said** you project a 20% increase in sales for the upcoming fiscal year. I'm not really convinced that you can achieve that. What are the key assumptions for that forecast?

（来年度は 20% の売上増を予想しているとのことでしたが、本当にそれが可能なのかと疑問を覚えます。その予想の基本的な前提条件はどういうものですか?） ■ assumption 仮定、想定、前提

● **You said** the project will be completed in 2 months. Supposing you fail to do that, what impacts would it have on your overall strategy?

（プロジェクトは 2 カ月後に完了とのことでしたが、仮にそうならなかった場合、御社の事業戦略全体との関係でどういった影響を予想していますか?） ■ overall 総合的な

● **You said** sales this quarter will be well in excess of ¥200 million. Could you give us a breakdown of sales by product type?

（当四半期の売上が 2 億円を軽く超えるとのお話でしたが、売上の内訳を製品別に教えていただけますか?） ■ breakdown 内訳、分析

● You said **you've managed to bring down costs by 30%. I'm curious to know what factor contributed the most in terms of cost reduction.**

（コストの 30 パーセント減に成功したとのことでしたが、コスト削減の上でどの要因が一番大きかったのか知りたいものだと思っています）

● Could we get back to the issue of **payback period?** You said **the projected payback period is about 3 years. Could you let me know what the assumptions are?**

（投下資本回収期間の話に戻ってもよろしいでしょうか。予想される回収期間はおよそ 3 年とおっしゃっていましたが、その前提条件を聞かせていただけますか？）

質問されるほうも対応のパターンは大体決まっており、こういうのを知っておくことで、とりわけ正面から答えられないときに慌てずに済みます。

いずれにしろひとつのポイントは、会話と同じで、以下のように、まずは相手の質問を受け止める定番表現を入れ、その上で、自分なりの回答をするという手順を守ることです。

● Sorry, I didn't catch what you said. **What was the question again, please?**

（ごめんなさい、聞き取れませんでした。ご質問、もう一度お願いできますか？）

● That's an interesting question. **But I'm afraid I'm not the best person to answer that question.**

（大変いい質問ですね。ただ、残念ですが、お答えする立場にありません）

● That's a complex question. **There's no easy answer to that one.**

（それは難しい質問ですね。簡単に答えられる性質のものではありません）

● Thank you for asking that question. **I'm afraid I can't give you an answer offhand. Besides, it's too early to make any predictions.**

（ご質問、ありがとうございます。残念ですが、資料なしではお答えするのが不可能です。それに、予想をしようにも時期尚早です） ■ offhand 用意・準備なしに

● I'm glad that someone asked that question. **So, you're asking how does Model X compare with Model Y in terms of battery weight.**

（どなたか聞いてくださらないかなと思っていたくらいです。ご質問は、バッテリー寿命の点でモデル X とモデル Y はどう違うのかですね）

● A: Thank you for asking that question. **For obvious reasons, I'm not at liberty to answer that. B: When will you accept the merger proposal? A: I'm not at liberty to answer that either.**

（A：その点での質問、ありがとうございます。事情はおわかりのとおり、それにお答えする権限がありません。B：合併提案を受諾するのはいつですか？ A：それについてもやはりお答えする権限がありません）

DIALOG 音声を聴き取ろう

073 🔊

Elsa: To sum up, w___ i_____ l_____ of E_____ r____ n___
and w__ has always l_____ in E_____ c_____ c_____
i_—as the survey we've c_____ o__ clearly shows—practical
knowledge of the mechanism of English conversation: how to
begin, develop, and conclude a conversation in English. And t____
w___ o_ c_____—E_____ C_____ M_____—c____
i_. English learners will no longer have to say, "I have p_____ o_
vocabulary and a g___ w_____ k_____ of g_____, but
w___ i_ c_____ t_ actual conversation, I'_ at a l___." And now
that English is a global language, the need to acquire such
practical knowledge and skills of English conversation is b_____
t_ increase. Why do people talk to each other? Because we—all of
you here today, those who want to brush up on their English, and
of course, myself—all have this very strong desire to m___
o_____ u_____. And in order to do that in a foreign
language, one needs not only grammar and vocabulary, but the
knowledge of how communication works in that language. Well,
that's all I have to say. Thank you very much.

Steve: Thank you, Elsa. Well, before we move on to the question
and answer session, I'd like to remind you that the points Elsa
has just made are all given on the handout in front of you, and if
you t___ o___ the sheet, you will find our contact info at the
bottom.

DIALOG 音声を聴き取ろう

075

Dave: Thank you very much for your interesting talk. W___ I f_____ p_____ i_____ i_ that you f____ o_ the mechanism of English conversation. C____ t_ t____ of i_, we never really paid attention to how English conversations progress. Anyway ... I j__ w_____ to a__ y__ o__ t____: is your English Conversation Mechanism course t__ f___ of i_ k___? If it is, that's really great, and we'd be i_____ in t_____ s____ p__ i_ your project.

Elsa: Yes, I c__ p_____ s__ it's the first of its kind—well, as far as what our extensive research tells us. That's why we're m_____ a b_ f___! Ha ha, and thank you for showing an interest in our course. Perhaps we could talk about it over coffee and sandwiches.

Kevin: Um ... m_ q_____ i_, what's going to happen to your old grammar courses? You sound like w__ r____ m_____ is the mechanism of conversation, not grammar or vocabulary. But I don't agree with that. No one can make him or herself understood properly without grammar, am I not right?

Elsa: You are absolutely right ... um, may I have your name, please?

Kevin: Kevin Looms.

Elsa: Yes, Mr. Looms, you're perfectly right. Thank you very much for your question. But I never said grammar is not important. Our idea is that understanding the mechanism of conversation is e_____ f__ improving your grammar and vocabulary skills.

293

句動詞・イディオム　索引

296

句動詞・イディオム 索引

日向清人 Hinata Kiyoto

慶應義塾大学大学院修了。桝田江尻法律事務所（現西村あさひ法律事務所）、プルデンシャル証券東京支社などを経て、慶応義塾大学講師、和洋女子大学特任教授を務め2020年3月に退任。ケンブリッジ英検（Cambridge ESOL）元試験委員。著書に『新装版 即戦力がつくビジネス英会話2』（共著）『最新版 ビジネス英語スーパーハンドブック』（以上アルク）『「GSL」最頻出1000語完全マスター』（日本経済新聞出版）『国際標準の英単語 初級』（秀和システム）『英語はもっとイディオムで話そう』（語研）など多数。

狩野みき Kano Miki

ブレークスルー大学講師。「自分で考える力」イニシアティブ、THINK-AID(旧Wonderful Kids)主宰、子どもの考える力教育推進委員会代表。20年以上にわたって大学等で考える力・伝える力、英語を教える。慶應義塾大学大学院博士課程修了。著書に『世界のエリートが学んできた 自分の考えを「伝える力」の授業』（日本実業出版社）、『ハーバード・スタンフォード流 子どもの「自分で考える力」を引き出す練習帳』（PHP研究所）、『プログレッシブ英和中辞典』第5版(小学館)など多数。

新装版 即戦力がつくビジネス英会話 2

発行日　2024年7月17日（初版）

著者：日向清人／狩野みき
編集：株式会社アルク 出版編集部
編集協力：大塚智美
校正：Peter Branscombe
ナレーション：Dominic Allen ／ Lae Astra ／ Peter von Gomm ／ Karen Haedrich ／ Chris Koprowski ／ Jennifer Okano
ブックデザイン：長尾和美（Ampersand Inc.）
イラスト：岸 潤一

DTP：株式会社秀文社
印刷・製本：シナノ印刷株式会社
録音：一般財団法人 英語教育協議会（ELEC）
発行者：天野智之
発行所：株式会社アルク
　　　〒141-0001 東京都品川区北品川6-7-29　ガーデンシティ品川御殿山
Website：https://www.alc.co.jp/

©2024 Kiyoto Hinata / Miki Kano / ALC PRESS INC.
Printed in Japan.
PC：7024044　ISBN：978-4-7574-4089-0

地球人ネットワークを創る

アルクのシンボル
「地球人マーク」です。